JN440007

명곡 가요와 팝의 빛나는 스토리

명곡 가요와 팝의 빛나는 스토리

초판 1쇄 인쇄 | 2021년 08월 23일
지은이 | 손정호
펴낸이 | 이재욱(필명:이승훈)
펴낸곳 | 해드림출판사
주 소 | 서울 영등포구 경인로82길 3-4(문래동1가 39)
센터플러스빌딩 1004호(07371)
전 화 | 02-2612-5552
팩 스 | 02-2688-5568
E-mail | jlee5059@hanmail.net

등록번호 제2013-000076
등록일자 2008년 9월 29일

ISBN 979-11-5634-471-1

손정호 음악 에세이

명곡 가요와 팝의 빛나는 스토리

해드림출판사

들어가는 말

대중음악은 언제나 절망과 희망을 노래한다

흔히 인생과 시간은 무상(無常)하다고 한다. 어제와 오늘, 그리고 내일이 같지 않고 늘 변한다는 것, 그래서 덧없다는 것이다. 인간은 유한한 존재이므로 늘 사라지는 것에 대한 두려움과 그리움을 동시에 갖고 산다. 사람들은 인간의 나약함을 극복하기 위해 예술이라는 장르를 만들지 않았을까 생각해 본다. 변하지 않는 것, 지상에 오래 남아 있는 것, 문학이나 미술, 음악 등이 그런 것이다.

필자는 30년 기자 생활을 하면서 항상 나중에 사람에 대한 글을 써야지, 하는 바람을 갖고 있었다. 취재의 대부분은 사람을 만나는 일이었지만 기사로 나타나는 그 사람은 언제나 일부였다. 한 사람은 기사보다 항상 더 컸다. 글로 나타나는 것은 빙산의 일각이었다.

특히 사람들이 갖고 있는 다양한 감정을 기사화한다는 것은 거의 불가능했다. 성공했다고 하는 사람들이 갖고 있는 내면의 나약함, 기쁨 속에 묻어 있는 슬픔, 사랑하지만 외롭다고 말하는 복잡하고 이중적인 마음을 표현하는 것은 더 어려웠다. 그러다 문득 음악을 만났다.

특히 대중음악은 솔직했다. 사람들의 여러 생각과 감정을 담기에 부족함이 없어 보였다. 성공은 좌절을 통해, 사랑은 이별의 아픔을 통해, 기쁨의 찬가는 고통의 극복을 통해 드러냈다.

대중음악을 통해 인간의 희로애락을 느껴 보고자 한 것이 이 책이다.

청춘의 꿈과 낭만, 사랑과 이별, 기쁨과 슬픔, 희망과 좌절, 분노와 위로 등 개인적 감정뿐만 아니라 민주주의와 자유, 반전과 평화, 인종차별, 빈곤, 독재에 대한 저항 등 사회적 이슈를 담은 노래 18곡이 수록돼 있다. 대중가요는 물론 팝송 샹송 칸초네 월드뮤직 등에서 필자에게 큰 울림을 준 노래다.

김연아의 2014년 소치동계올림픽 갈라쇼 배경 음악이었던 존 레논의 〈이매진〉을 통해서는 반전과 민권운동을, 박인희의 〈세월이 가면〉을 통해서는 청춘에 대한 그리움을, 에디트 피아프의 〈사랑의 찬가〉를 통해서는 죽음을 넘어서는 사랑을, 조수미의 〈기차는 8시에 떠나네〉를 통해서는 자유와 불의에 대한 투쟁 이야기를 썼다.

인간의 삶은 태어나서 성장하고 늙어 죽는 사계절로 이루어져 있다. 대중음악도 사람들의 이야기다 보니 자연의 순리와 닮았다. 수록된 노래를 봄의 노래, 여름의 노래, 가을의 노래로 분류한 이유다.

사랑과 이별, 청춘에 대한 노래는 인생의 봄에 일어나는 이야기고 불의에 대한 투쟁, 연대와 자유, 이타적인 삶을 추구하는 노래는 천둥과 비바람이 몰아치는 뜨거운 여름에 관한 이야기였다.

삶에 대한 관조와 자연에 대한 경외, 위로와 관용의 메시지는 인생의 가을에 관한 이야기였다. 결국 인생이란 눈물이 있어야 꽃이 핀다는 깨달음의 세계다. 때가 되면 꽃이 떨어진다는 인식을 받아들이는 삶이 진정 행복하다는 것이다.

꽃 피던 지난 4월, 어머니가 돌아가셨다. 난소암 말기였다. 유품을 정리하다 보게 된 15년도 넘게 쓰신 가계부 뒷장에 적어 놓으셨던, 절망과 희망은 늘 가까이에 있다는 글귀가 오랫동안 가슴에 남았다.

오늘 하루를 소중하게 살아가라는 말씀인 것 같았다. 대중음악은 언제나 절망과 희망을 노래한다. 절망에 좌절하지 않고 희망에 겸손한 태도가 참된 삶일 것이다. 음악을 통해 우리는 위로를 받고 살아갈 힘을 얻는다.

자신의 노래로 빌보드 핫100 10주 연속 1위라는 대기록으로 2021년 폭염을 견디게 해주는 BTS가 자랑스럽다. 이 책이 삶에 작은 위로가 되기를 바란다.

2021년 8월

손정호

차례

제1부 봄, 청춘은 아름다워라

제2부 여름, 새처럼 날고 싶어

제3부 가을, 흐르는 강물처럼

제1부

봄, 청춘은 아름다워라

청춘의 시간에 대한 원초적 그리움

<세월이 가면> 박인환

지금 그 사람 이름은 잊었지만 / 그 눈동자 입술은 / 내 가슴에 있네 / 바람이 불고 / 비가 올 때도 / 나는 저 유리창 밖 / 가로등 그늘의 밤을 잊지 못하지.

사랑은 가도 / 옛날은 남는 것 / 여름날의 호숫가, 가을의 공원 / 그 벤치 위에 / 나뭇잎은 떨어지고 / 나뭇잎은 흙이 되고 / 나뭇잎에 덮여서 / 우리들 사랑이 / 사라진다 해도 / 내 서늘한 가슴에 있네.

_〈세월이 가면〉, 박인환 시, 이진섭 작곡, 나애심 노래

1970년대 초반 가수 박인희가 불러 유명해진 〈세월이 가면〉이라는 노래다. 박인희의 청아한 목소리에 본원적 감성을 자극하는 가사, 그리고 아름다운 샹송 풍 멜로디로 오랫동안 인기를 끌었다.

〈세월이 가면〉은 1956년 이른 봄, 해방 이후 전위적 모더니즘 시운동을 주도해온 박인환(1926~56)이 심장마비로 요절하기 1주일 전에 지은 시로 알려져 있다. 이 시와 노래는 전후 폐허가 된 명동에 사람들이 삼삼오오 다시 모이고 음악다방과 술집이 하나둘 생기던 시절, 시인의 단골 선술집인 경상도집(또 다른 주장은 배우 최불암의 어머니가 운영하던 은성주점)에서 즉흥적으로 만들어졌다는 일화가 전한다.

가난한 작가와 화가, 연극인들이 뒤섞여 술을 마시던 봄날 밤, 수려한 외모와 낭만적 시풍으로 '명동백작' '댄디보이'로 불렸던 박인환이 흥에 취해 시를 써 내려갔고 극작가 이진섭이 단숨

1950년대 은성주점 모습. 강원도 인제 박인환문학관에 복원돼 있다.

에 곡을 붙였으며 '백치 아다다'를 부른 가수 나애심이 즉석에서 노래를 불렀다는 영화 같은 이야기가 그것이다. 송지영과 나애심이 떠난 뒤 테너 임만섭과 소설가 이봉구가 새로 합석, 임만섭이 이 악보를 보고 정식으로 노래를 불렀는데 지나가던 사람들이 주점으로 모여들 정도로 큰 호응을 얻었다고 한다. '명동의 샹송' '명동 엘레지'로 불렸던 명곡은 그렇게 탄생했다. 2005년 EBS의 '명동백작'이라는 24부작 드라마에 이 장면이 감동적으로 그려져 있다. 극 중 나애심으로 분한 배우가 담백하게 부른 〈세월이 가면〉도 오래 여운을 남겼다.

EBS '명동백작'은 전후 명동을 중심으로 한 문인들의 이야기를 다뤘다. 소설가 이봉구와 시인 박인환, 김수영이 사실상 주인공이었고 시인 오상순, 화가 이중섭, 연극인 이해랑, 번역가 전혜린 등 당시를 살았던 예술가들의 사랑과 꿈, 그리고 좌절을 담았다. 지금의 명동예술극장을 중심으로 인근에 흩어져 있던 돌체, 휘가로, 모나리자 등 다방과 포엠, 동방살롱, 명덕 등 술집이 그들이 드나들었던 안식처였다. 명동예술극장은 1934년 일제가 영화 상영 및 연극 공연을 위해 지은 명치좌(明治座)로 해방 후 시공관(市公館), 국립극장을 거쳐 70년대 금융회사 건물로 바뀌었다가 2000년대 중반 예술 무대로 복원됐다. 이봉구는 〈세월이 가면〉이 만들어지던 때를 "명동의 가장 아름다웠던 순간"이라고 회상하곤 했다. 문화평론가 이어령도 그 시절 명동의 다방과 술집을 "배고픔의 피난처, 슬픔의 짐을 잠시 맡겨 두는 보관소"라고 쓴 적이 있다. 절망과 고독, 허무 속에서도 서로 위로하며 다독여 주던, 낭만과 인정이 넘치던 시대였다.

나애심은 박인환 사망 2개월 뒤인 1956년 5월, 이 노래를 처음으로 녹음했다. 오마이뉴스는 2015년 〈세월이 가면〉 최초 음반을 발견했다고 보도했다. 신신레코드가 제작한 당시 나애심의 유성기 음반이 그것이다. 이어 현인(1959년) 현미(1968년) 조용필(1972년)을 거쳐 박인희의 노래로 대중에게 널리 알려지게 됐다. 개인적으로는 박인희가 이필원과 함께 한국 최초의 혼성듀엣 뚜아에무아 시절 불렀던 〈세월이 가면〉을 가장 좋아한다. 박인희의 깨끗한 목소리와 이필원의 읊조리는 듯 절제된 화음이 통기타 반주와 어우러져 삶의 덧없음과 쓸쓸함을 잘 표현하고 있다.

시와 노래 가사는 거의 비슷하다. 어미를 조금 바꿨고 반복되는 시의 마지막 구절을 생략했으며 핵심 단어 하나를 고쳤을 뿐이다. 노래 중간에 '사랑은 가고 옛날은 남는 것'이란 부분이 원래 시에는 '사랑은 가고 과거는 남는 것'으로 표현되어 있다. 이 시의 핵심은 '세월이 가면 사랑은 사라지지만 옛날은 남는다'는 것이다.

옛날은 추억과 동의어다. 영원히 지속되는 사랑은 없지만, 그 사랑의 추억은 오랫동안 가슴속에 남아 있는 법이다. 스치듯 지나가는 사랑이 있는가 하면 마음속에 낙인처럼 박혀 있는 사랑도 있다. 단지 그 눈동자 입술의 기억으로, 혹은 함께 들었던 음악으로, 거리의 가로등 불빛으로 남아 있을 뿐이다. 그렇게 설

렜던 사랑도, 원망과 아픔으로 상처만 남았던 사랑도 지나고 보면 다 그리움으로 바뀌어 있다.

왜일까. 아마 세월이 흘렀기 때문일 것이다. 세월이 흐른다는 것은 상실을 경험한다는 것이다. 유한한 인간에게 사랑하던 그 시절은 젊은 시절이었다. 되돌릴 수 없는 청춘의 시간에 대한 향수와 그리움은 인간의 본성이다.

박인환은 늘 프랑스 파리와 파리의 예술가들을 동경했다. 그들의 자유분방함과 낭만을 사랑했던 것이다. 여류화가이자 시인인 마리 로랑생도 그중 한 명이었다. 마리 로랑생은 당시 문학청년에게 이상적인 연인의 대명사였다. 마리 로랑생은 환상적이면서 섬세한 필치로 20세기 초 프랑스 예술계를 흔들었던 고혹적인 여인이었다.

'몽마르트르 연인'으로 불렸던 그녀는 동시대를 살던 천재 화가인 피카소를 비롯하여 로댕, 장 콕도 등으로부터 아낌없는 찬사를 받았다. 마리는 1905년 혁신적 예술을 표방한 아방가르드적 시인 기욤 아폴리네르를 만나 사랑에 빠졌지만 서로 개성이 강해 5년 만에 헤어졌는데 아폴리네르는 떠나간 사랑에 대한 아픔을 〈미라보 다리〉라는 유명한 시에다 담았다. 박인환의 〈세월이 가면〉의 어조와 너무 닮아 있다.

"미라보 다리 아래 센 강이 흐르고 / 우리들 사랑도 흐르네 / 내 마음속 깊이 기억하리 / 기쁨은 언제나 고통 뒤에 오는 것을 / 밤이 오고 종소리는

울리고 / 세월은 흐르고 나는 남는다.

손에 손을 맞잡고 얼굴을 마주 보자 / 우리들 팔 아래 다리 밑으로 / 영원의 눈길을 한 지친 물결이 / 흐르는 동안 / 밤이 오고 종소리는 울리고 / 세월은 흐르고 나는 남는다.

사랑은 흘러간다, 흐르는 강물처럼 / 우리들 사랑도 흘러내린다 / 인생은 얼마나 지루하고 / 희망은 얼마나 격렬한가 / 밤이 오고 종소리는 울리고 / 세월은 흐르고 나는 남는다.

하루하루가 흘러가고 달도 흐르고 / 지나간 세월도 흘러만 간다 / 우리들 사랑은 오지 않는데 / 미라보 다리 아래 센 강이 흐른다 / 밤이 오고 종소리는 울리고 / 세월은 흐르고 나는 남는다."

_〈미라보 다리〉, 기욤 아폴리네르

〈미라보 다리〉는 시인이자 가수, 작가인 레오 페레를 비롯하여 수많은 가수가 곡을 붙이고 노래로 만들어 불렀다. 아폴리네르는 38세의 나이로 1차 세계대전에 참전해 부상당한 뒤 후유증으로 사망했다. 그는 평생 마리를 그리워했다. '마리'라는 시도 마찬가지다.

"흰 물결 이는 바다처럼 곱슬한 / 그대 머리칼이 어디로 갈는지 / 그대 머리칼이 그리고 우리의 맹세도 / 덮어 버리는 그대의 손 가을 낙엽들이 / 어디로 갈는지 나는 아는가 / 옛날 책을 겨드랑이에 끼고 / 센강을 거닐었네 / 강물도 내 아픈 마음처럼 / 흘러 흘러가나 마르지 않네."

시인 정끝별은 세계의 명시로 〈미라보 다리〉를 소개하며 "이 시를 통해 예술과 사랑의 도시 파리가 더욱 빛났을 것"이라며 아폴리네르와 같은 어조로 감동적인 감상평을 남겼다.

"한번 담근 물에 다시 발을 담글 수가 없네. 마주 잡았던 손길들, 기댔던 팔과 어깨들, 그리고 입 맞췄던 입술들… 흐릿하네. 흐르지 않은 게 없네. 다리 건너편의 끝에는 무엇이 기다리고 있을 것인가. 가슴에 품었던 말들이 물비늘로 변해 흐르네. 강물은 되돌아 흐르지 않네. 강물은 언제나 너무 빠르거나 너무 느리고, 오거나 갈 뿐이네. 우리의 사랑처럼 쉬지 않고 있다가도 없어지며."

박인환은 해방 직후인 1945년 가을, 20세 때 서울 종로구 낙원동 입구에 '마리서사'라는 책방을 개업했다. 지금 봐도 세련된 이름이다. '마리'라는 이름은 마리 로랑생에서 따왔다. 문학평론가 김영철은 『박인환』이라는 책에서 "마리 로랑생이 '몽마르트르의 연인'으로 불렸던 것처럼 박인환은 마리서사라는 책방을 통해 프랑스 몽마르트르의 부활, 즉 한국의 몽마르트르를 꿈꾸었을 것"이라고 말한다. 프랑스 파리의 그 자유분방한 정신과 사랑, 심오하고 도저한 예술혼, 그 꿈의 공간을 이 척박한 한국의 땅에 복원코자 시도했다는 설명이다.

박인환은 마리서사가 문단의 사랑방이자 전위 예술의 소굴이 되기를 바랐다. 한국 시인 중에는 이상을 가장 추앙했던 박인환은 마리서사를 통해 30년대 모더니즘을 주도했던 김광균, 김기림을 비롯해 오장환, 이한직, 이봉구, 양병식, 송지영, 김수영 등과 교류했다.

"마리서사에는 하루도 시인이나 소설가, 화가들이 모여들지 않는 날이 없었고 조금이라도 수입이 있으면 박인환은 그들과 함께 술을 마시면서 문학과 예술, 인생을 주제로 끊임없이 토론하고 열을 올렸다."

_『한국모더니스트의 영광과 비참』, 양병식

박인환은 죽은 뒤 많은 논란을 낳았다. 50년대 대표적인 모더니즘 시인이었지만 '싸구려 감성팔이 '시인으로 폄하하는 사람도 많았다. 아마 그의 대표 시인 〈목마와 숙녀〉의 영향이 클 것이다. 박인희의 처연한 낭송으로 큰 인기를 끌었지만 대신 센티멘털리즘을 추구하는 시인으로 각인되는 계기가 된 것도 사실이다. 초기 시에서 보이던 박인환의 사회적 관심과 도회적 문명 이미지가 전쟁과 가난을 겪으면서 감상적인 세계로 급격하게 방향을 틀었기 때문이라는 분석도 있다.

"한 잔의 술을 마시고 / 우리는 버지니아 울프의 생애와 / 목마(木馬)를 타고 떠난 숙녀의 옷자락을 이야기한다 / 목마는 주인을 버리고 거저 방울 소리만 울리며 / 가을 속으로 떠났다 / 상심(傷心)한 별은 내 가슴에 가벼웁게 부서진다 / 그러한 잠시 내가 알던 소녀는 / 정원의 초목 옆에서 자라고 / 문학이 죽고 인생이 죽고 / 사랑의 진리마저 애증(愛憎)의 그림자를 버릴 때 / 목마를 탄 사랑의 사람은 보이지 않는다 / 세월은 가고 오는 것 /

한때는 고립(孤立)을 피하여 시들어가고 / 이제 우리는 작별하여야 한다 / … (중략)… / 두 개의 바위틈을 지나 청춘을 찾은 뱀과 같이 / 눈을 뜨고 한 잔의 술을 마셔야 한다 / 인생은 외롭지도 않고 / 거저 잡지의 표지처럼 통속하거늘 / 한탄할 그 무엇이 무서워서 우리는 떠나는 것일까 / 목마는 하늘에 있고 / 방울 소리는 귓전에 철렁거리는데 / 가을바람 소리는 / 내 쓰러진 술병 속에서 목메어 우는데."

_〈목마와 숙녀〉, 박인환

평론가 고종석은 "분단과 전쟁으로 찢겨진 옛 식민지 출신 청년이 이국에 대한 선망과 감상주의로 제 상처를 어루만지며 그 궁핍한 시대를 버텨내려 했다"라며 그 안간힘이 안쓰러울망정 그것을 비난할 수만은 없을 것이라고 두둔했다. 시집 '목마와 숙녀'에 그리도 자주 나오는 죽음의 이미지는 이 청년 시인이 살아낸 연대가 그대로 죽음의 연대였기 때문이라고 그는 덧붙인다. 박인환 전집 시 해설을 맡은 경북대 교수 박현수는 "박인환은 전쟁의 참혹한 얼굴을 정면으로 바라보며 얻은 통찰을 그의 수사학으로 정직하게 그려준 50년대 유일한 시인"이라고 말했다. 박인환도 1955년 펴낸 생애 유일한 시집 『박인환 선시집』 후기에서 그 시대를 다음과 같이 서술했다.

"나는 10여 년 동안 시를 써 왔다. 이 세대는 세계사가 그러한 것과 같이 참으로 기묘한 불안정한 연대였다. 그것은 내가 이 세상에 태어나고 성장해 온 그 어떠한 시대보다 혼란하였으며 정신적으로 고통을 준 것이었다.

시를 쓴다는 것은 내가 사회를 살아가는 데 있어서 가장 의지할 수 있는 마지막 것이었다. 나는 지도자도 아니며 정치가도 아닌 것을 잘 알면서 사회와 싸웠다.”

_『박인환 선시집』, 박인환

일부는 버지니아 울프, 술, 별, 목마, 숙녀, 정원, 소녀, 애증, 작별, 페시미즘 따위의 겉멋만 넘치는 ‘낡은’ 언어로 외로움과 고독을 그럴듯하게 포장한 시라고 혹평하기도 하고 일부는 모든 떠나는 것에 대한 애상 속에 자리한 세련된 도회적 이미지와 인간의 근원적 감성을 뒤흔드는 명시라고 치켜세우기도 한다. 박인환에 대한 두 가지 극단적인 평가는 오랜 친구이자 라이벌인 김수영의 글에서 비롯됐다는 게 평단의 정설이다.

김수영은 1946년 마리서사에서 박인환과 처음 만났다. 그의 도움으로 문단에 얼굴을 내밀었던 김수영은 박인환과 성격상 큰 차이를 보였다. 김수영이 냉정하고 과묵하며 조심스러운 인간관계를 맺는데 반해 박인환은 다정다감하고 활달하며 개방적인 인관관계를 원하는 편이었다. 박인환이 1956년 요절하기 전까지 김수영의 문단 내 존재감은 크지 않았다. 그러나 1960년 4·19 혁명을 겪으면서 김수영은 한국의 대표적인 참여 시인으로 성장했고 문단 내 위상도 급격히 높아지면서 상황은 역전됐다.

"나는 인환을 가장 경멸한 사람의 한 사람이었다. 그처럼 재주가 없고 그처럼 시인으로서의 소양이 없고 그처럼 경박하고 그처럼 값싼 유행의 숭배자가 없었기 때문이다. 그가 죽었을 때도 나는 장례식에 일부러 가지 않았다. (… 중략 …) 인환! 너는 왜 이런 신문기사만큼도 못한 것을 시라고 쓰고 갔다지? 이 유치한, 말발도 서지 않는 후기(後記), 어떤 사람은 너의 '목마와 숙녀'를 너의 가장 근사한 작품이라고 생각하는 모양인데, 내 눈에는 '목마'도 '숙녀'도 낡은 말이다. '정원'이 다 뭐냐? '배코니아'가 다 뭣이며 '아뽀롱'은 다 뭐냐"

_『박인환』, 김수영 산문

박인환이 죽은 지 딱 10년 뒤 1966년 발표한 김수영의 박인환에 관한 글이다. 더 이상 모욕적인 평가는 없을 듯하다. 박인환의 출판기념회는 물론 장례식장도 가지 않은 친구, 김수영. 무엇이 그로 하여금 이런 글을 쓰게 했을까.

두 가지 입장이 있다. "박인환은 가짜 시인이었고 제 것이 취해 예술을 오도하는 문화 양아치"라는 분석과 "박인환이 살아있을 때 모든 면에서 뒤지던 김수영의 열등감이 표출된 것"이라는 분석이 그것이다. 문학평론가 유종호는 "박인환은 가장 과소평가된 시인 중 한 명이라며 그의 시가 센티멘털리즘이라는 이름으로 치부될 만큼 가볍고 진부하지 않다."라고 변론한 바 있다. 문학평론가 유성호는 더욱 객관적으로 둘을 표현했다.

"박인환은 4·19를 경험하지 못했고 안타깝게도 갑자기 멈추어버린 미완의 텍스트였지만 김수영은 스스로 갱신으로 에너제틱하게 솟구친 완결의 텍스트라는 점이 다르다." 두 사람을 평면적으로 단순하게 비교하긴 어렵다는 뜻이다.

박인환은 마리서사 시절, 책방을 드나드는 시인, 소설가들과 두루 친했지만, 특히 오장환과 친밀하게 지냈다. 서정주 등과 함께 1930년대 '시인부락' 동인이었던 오장환은 일제강점기 시절 상당수 시인이 절필하거나 친일활동을 했을 때 절필하지도, 친일적 활동을 하지도 않았던 몇 안 되는 시인으로 알려져 있다. 박인환은 오장환과의 교류를 통해 시를 쓰는 기법이나 리듬을 배웠다고 한다. 박인환은 오장환의 퇴폐적 모더니즘과 순수서정을 좋아했던 것 같다.

"저무는 역두(驛頭)에서 너를 보냈다 / 비애(悲哀)야!

개찰구에는 / 못 쓰는 차표와 함께 찍힌 청춘의 조각이 흩어져 있고 / 병든 역사(歷史)가 화물차에 실리어 간다.

대합실에 남은 사람은 / 아직도 / 누굴 기둘려 / 나는 이곳에서 카인을 만나면 / 목놓아 울리라.

거북이여! 느릿느릿 추억을 싣고 가거라 / 슬픔으로 통하는 모든 노선이 / 너의 등에는 지도처럼 펼쳐있다."

_〈The Last Train〉, 오장환

마지막 연의 거북을 빗대 느릿느릿 추억을 싣고 슬픔의 기차를 타고 떠나라는 감각적인 묘사는 절창이 아닐 수 없다. 1946년 박인환 데뷔작 〈거리〉를 보면 아직 서투르지만 오장환의 어조와 닮은 구절이 많이 보인다.

"나의 시간에 스코올 같은 슬픔이 있다 / 붉은 지붕 밑으로 향수가 광선을 따라가고 / 한없이 아름다운 계절이 / 운하의 물결에 씻겨 갔다.

아무 말도 하지 말고 / 지나간 날의 동화를 음률에 맞춰 / 거리에 화액(花液)을 뿌리자 / 따뜻한 풀잎은 젊은 너의 탄력같이 / 밤을 지구 밖으로 끌고 간다. (하략)"

_〈거리〉, 박인환

박인환의 마리서사는 1948년 폐점됐다. 거기서 많은 문단 친구들을 만났고 그 자신을 시인으로 만들어 주었기에 임무를 완수한 셈이다. 박인환은 1956년 3월 20일 오후 9시께 심장마비로 사망했다. 3월 17일 그렇게 좋아했던 '이상 추모의 밤'을 주최한 이후 4일 밤낮 계속 마신 술이 원인이었다고 한다. 왜 그렇게 마셨는지는 아무도 모른다. 죽는 순간 심장을 부여잡고 "답답해…"라고 외쳤듯이 그 시대의 탓으로 돌리는 게 쉬운 답일 수도 있다. 죽은 당일도 화가 김훈이 사준 자장면 한 그릇이 지상에서 먹은 마지막 음식이었다.

김규동은 "인환이가 좀 더 살면서 시를 썼다면 그 특유의 소시민적 비애와 고독을 벗어나 새로운 민족시의 광야에 나서게 됐을 것"이라고 애석해했다. 그러나 세상은 법칙은 야릇하다.

1976년 사망 20주기에 펴낸 『목마와 숙녀』가 20만 부 이상 팔리면서 박인환은 죽은 뒤 베스트셀러 작가로 다시 태어났다. 김규동의 말대로 박인환은 31세 아까운 나이로 떠났지만, 그가 남긴 작품은 세월이 갈수록 많은 사람의 은밀한 사랑을 받고 있다. 그가 생전에 예상하지 못했던 일일 것이다. 불가해성이 인생이고 삶이다.

향긋한 오월의 꽃향기가 그리워지면

<그녀의 웃음소리뿐> 이문세

나의 마음속에 항상 들려오는 / 그대와 같이 걷던 그 길가에 빗소리 / 하늘은 맑아있고 햇살은 따스한데 / 담배 연기는 한숨 되어 / 하루를 너의 생각하면서 / 걷다가 바라본 하늘엔 / 흰 구름 말이 없이 흐르고 / 푸르름 변함이 없건만.

이대로 떠나야만 하는가 / 너는 무슨 말을 했던가 / 어떤 의미도 어떤 미소도 / 세월이 흩어가는걸.

어느 지나간 날에 오늘이 생각날까 / 그대 웃으며 큰소리로 내게 물었지 / 그날은 지나가고 아무 기억도 없이 / 그저 그대의 웃음소리뿐 / 하루를 너의 생각하면서 / 걷다가 바라본 하늘엔 / 흰 구름 말이 없이 흐르고 / 푸르름 변함이 없건만.

이대로 떠나야만 하는가/ 너는 무슨 말을 했던가 / 어떤 의미도 어떤 미소도 / 세월이 흩어가는걸.

_〈그녀의 웃음소리뿐〉, 이영훈 작사·작곡, 이문세 노래

우리나라 대중가요는 이문세 4집(1987년) 이전과 이후로 나뉜다. 이문세 4집 이전은 팝송의 시대였다. 라디오 음악방송을 틀면 거의 팝송만 나왔다. 깊은 밤, 팝송에 얽힌 뒷이야기와 가사의 의미를 잘 전달해 주는 DJ는 요즘 아이돌 못지않은 폭발적인 인기를 누리던 시절이었다.

대중가요가 낄 자리는 없는 것처럼 보였다. 그러나 이문세 4집이 나오면서 상황은 급변했다. 285만 장이라는 경이적인 음반 판매량이 보여주듯 사람들은 이문세의 노래에 열광했다. 수록된 9곡 모두 히트하는 전무후무한 기록도 남겼다. 라디오는 물론 거리에서도, 카페에서도 온통 이문세였다. 어떤 점이 달랐던 것일까. 여기에는 이영훈이라는 뛰어난 작곡가의 능력이 결정적이었다.

이영훈은 대중가요에 팝과 클래식을 접목해 격조 높은 사랑 노래를 만들었다. 4집 수록곡 대부분은 사랑의 아픔과 그 추억을 떠올리게 하는 노래였지만 이전처럼 청승맞지도 신파적이지도 않았다. 새로웠다. 가사는 시적이었고 멜로디와 편곡은 세련됐다. 아픔과 객관적 거리를 유지하는 것이 이영훈의 뛰어난 점이었다. 1987년은 민주화의 요구가 거셌던 시기였다. 6월 항쟁의 승리로 거리에는 자유와 낭만이 넘쳤다. 엄혹했던 80년대 초·중반과 달리 사람들은 희망을 이야기했고 역사와 진보에 대한 믿음이 팽배했다.

이문세와 이영훈은 사람들에게 음악을 통해 낭만을 선사했다. 지나간 사랑은 아프지만 아름답다는 것을, 이문세는 그만의 개성 있는 목소리로 담백하게 불렀고 사람들은 자신의 이야기처럼 받아들였다. 누구나 지난 시절 꽃다웠던 사랑을 회상하며 그리워했다. 그해 가을은 그랬다.

“이영훈은 80·90년대 한국 대중음악의 수준을 외국의 그것과 대등하게 끌어올린 ‘팝 발라드’ 장르의 개척자라 평가할 만하다. 그는 발라드와 포크의 모호한 장르적 경계를 현악기가 가미된 클래식 음악 기법 도입으로 확실하게 구분시켰다. 실로 고 이영훈의 곡들은 80년대 후반까지 외국의 팝 음악에 비해 상대적으로 왜소해 보였던 한국 대중음악의 위상을 급상승시키는 계기를 마련한 보석 같은 노래들이었다.”

_『대중음악가 열전』, 최성철

“이문세의 앨범이 중요한 이유는 팝이 지배하고 있던 1980년대의 흐름을 바꿔 놓았기 때문이다. 지금이야 이해하기 어려운 얘기겠지만 당시 가요는 듣기에 부끄러운 것, 촌스러운 것이라는 인식이 있었다. 이문세와 이영훈은 1980년대의 그런 인식을 완전히 뒤집고 대중가요의 수준을 한 차원 끌어올리며 라디오에서 자연스레 팝이 아닌 가요가 흘러나오게 하는 중요한 역할을 하였다. 그런 혁명과 같은 일이 가능하게 할 만큼, 그들의 노래는 아름다웠다.”

_『K-POP 세계를 홀리다』, 김학선

김학선은 “이문세 4집은 한국 팝 발라드가 오를 수 있는 가장 높은 봉우리에 있는 앨범”이라고 극찬했다. 3집(1985년)에서

부터 호흡을 맞춘 이문세-이영훈-김명곤이라는 가수-작곡가-편곡자의 환상적인 조합이 4집에서 절정의 기량을 과시했다는 것이다. 〈그녀의 웃음소리뿐〉은 4집 맨 마지막 곡이다. 담담하게 시작하지만 갈수록 마음을 심란하게 하고 갈팡질팡하게 만든다. 왜 4집이 80년대 최고의 명반 중 하나인지 깨닫게 해주는 노래다.

'나의 마음속에는 항상 너와 같이 걷던 그 길가의 빗소리가 들린다. 하늘은 맑고 흰 구름은 똑같이 흘러가는데 너는 이제 볼 수가 없다. 헤어지지 말자던 너의 약속은 이제 점차 흩어지고 그저 너의 웃음소리만 기억난다.'라는 내용이다. 떠나버린 너와 덩그러니 남겨진 나를 제외하곤 달라진 게 없는 슬픈 현실을 이문세는 담담하게 부른다. 그리고 후렴구 '이대로 떠나야만 하는가. 너는 무슨 말을 했던가. 어떤 의미도 어떤 미소도, 세월이 흩어가는걸'을 10번도 넘게 반복해 부르면서 감정을 고조시킨다. 반복하지만 지루하지 않다.

세련된 편곡이 아닐 수 없다. 중간에 절규하듯 내지르는 부분은 마치 가객 김현식의 창법을 보는 듯 가슴 시리다. 네이버 블로거 Yonce는 "슬픔의 여러 형태 중 먹먹함이 있다. 〈그녀의 웃음소리뿐〉은 그냥 슬픈 게 아니라 들으면 가슴이 먹먹해지는 노래다. 쿵, 하고 돌덩어리가 무겁게 내리누르는 것 같아서 소리 내어서 우는 게 아니라 숨죽여 울음을 삼켜야 하는 느낌"이라고 감상평을 적었다. 이영훈의 아름다운 선율의 곡을 투박한 목소리의 이문세가 불러서 더 애절한 노래가 되는 것은 아닐까, 생각한 적이 있다.

"그야말로 광화문 세대였을 그(이영훈)가 만든 노래를 듣고 있으면 마음이 차분해지고 심지어 착해지는 것 같습니다. 이처럼 현미경처럼 사람의 감정을 낱낱이 살펴 표현해내는 섬세한 노래를 비슷한 느낌의 가수가 불렀다면 매력이 떨어졌을 겁니다. 이영훈의 고운 감성에 남성미 물씬 풍기는 선 굵은 음색인 이문세의 조합이야말로 신의 한 수였던 겁니다."

_『고마워요 유행가』, 조휴정

〈그녀의 웃음소리뿐〉은 2016년 SBS 음악경연프로그램 '판타스틱 듀오' 시즌1에서 이문세가 당시 15세였던 여중생 김윤희와 함께 불러 더 유명해진 노래다. 맑고 청아한 목소리의 김윤희와 투박하지만 감미로운 이문세의 조합은 환상적이었다. 기교 없이 오로지 맑고 깊은 감성만으로도 큰 감동을 줄 수 있다는 것을 알게 해줬다. 후렴구 파트에서 이문세의 내지르는 고음과 김윤희의 정직한 고음이 폭풍처럼 몰아쳐 마음을 흔든다.

가수들은 담담히 부르지만 듣는 사람은 심란하다. 〈그녀의 웃음소리뿐〉과 가장 비슷한 정서를 가진 노래가 4집 타이틀곡 〈사랑이 지나가면〉이다. 둘 다 지나간 사랑을 노래하지만, 표현 방법이 조금 다르다. 〈그녀의 웃음소리뿐〉이 자연이나 사물(빗소리, 하늘, 흰 구름, 담배 연기)에다 자신의 감정을 이입했다면 〈사랑이 지나가면〉은 김소월식 역설이 담겨 있다.

슬프지만 죽어도 아니 눈물 흘리겠다는 〈진달래꽃〉처럼 눈물이 나도록 사랑하지만 이젠 그 사람을 모른다고 말할 것이라는 반어법이 닮았다. 이영훈은 직설적으로 말하지 않는다. 감정을 객관화해 숙성되면 가사를 만드는 것이다. 그래서 시처럼 아름다운 모양이다.

그 사람 나를 보아도 / 나는 그 사람을 몰라요 / 두근거리는 마음은 아파도 / 이젠 그대를 몰라요 / 그대 나를 알아도 / 나는 기억을 못 합니다 / 목이 메어와 눈물이 흘러도 / 사랑이 지나가면.

그렇게 보고 싶던 그 얼굴을 / 그저 스쳐 지나며 / 그대의 허탈한 모습 속에 / 나 이젠 후회 없으니 / 그대 나를 알아도 / 나는 기억을 못 합니다 / 목이 메어와 눈물이 흘러도 / 사랑이 지나가면.

_〈사랑이 지나가면〉, 이영훈 작사·작곡, 이문세 노래

그 뜨거웠던 사랑이 지나가는 이유는 많다. 사소한 사고방식의 차이에서부터 부모의 반대, 학벌 차이, 엇갈리는 감정선, 그리고 오해 등 여러 가지가 있을 것이다. 그래서 사랑하지만 헤어지기로 결심하는 것이다. 난관을 뚫고 나갈 용기가 부족하다고 말할 수도 있지만 대부분 그 지점에서 체념하는 것이 보통이다.

〈사랑이 지나가면〉의 주인공도 사실 모른다고 하고 싶지 않았을 것이다. 어쩌면 자신이 다시 다가가면 상대방이 자기를 부정할까 봐 두려워서 먼저 모른다고 했을 수도 있을 것이다. 그래서 알 수 없는 게 사랑이라고 하는 것 같다. 인간의 심리를 가장 잘 파악하고 묘사했다는 세계 최고의 극작가 셰익스피어도 사랑의 속성은 불가해(不可解)라고 해석했다.

"사랑은 그림자와 같아서 쫓아가면 달아나고 달아나면 쫓아

온다(윈저의 즐거운 아낙네들)."라며 사랑의 모순성을 이야기 한다. 그림자이기에 설혹 만져진다고 해도 구체적으로 느껴지지 않아 끊임없이 의심하고 회의감이 드는 것이다. 거기에다 모든"아름다운 것은 순식간에 사라진다(한여름 밤의 꿈)."라며 영원한 사랑은 언제나 꿈일 수밖에 없다고 덧붙인다. 셰익스피어는 결국 사랑의 상실에 대한 아픔은 젊은 한때 앓는 홍역과 같아서 "아무리 폭풍이 미친 듯이 몰아치는 밤에도 시간은 가는 법"(맥베스)이라며 모든 청춘을 위로하는 것이다.

이문세(1959년생)와 이영훈(1960년생)은 1984년에 만났다. 둘 다 20대 한창때였다. 다른 수많은 천재 예술가들이 그랬던 것처럼 이영훈도 고등학교 때 이미 〈소녀〉 〈광화문 연가〉 등 남다른 감수성의 노래를 작곡한 것으로 알려져 있다. 이영훈은 2008년 대장암으로 사망할 때까지 이문세와 수많은 명곡을 만들었다.

그의 대표곡 중 하나인 〈광화문 연가〉는 이문세 5집(1988년)에 실려 있는 곡이다. 4집이 연인과의 이별 직후의 아픔을 담았다면 5집은 세월이 좀 흐른 뒤의 아련함을 담았다. 〈광화문 연가〉는 이영훈의 어떤 노래보다 세속적이고 감상적이다. 트로트적인 정서도 살짝 보인다. 그래서 귀에 더 익숙하다.

이제 모두 세월 따라 / 흔적도 없이 변해갔지만 / 덕수궁 돌담길엔 / 아직 남아 있어요 / 다정히 걸어가는 연인들 / 언젠가는 우리 모두 / 세월을

따라 떠나가지만 / 언덕 밑 정동길엔 / 아직 남아 있어요 / 눈 덮인 조그만 교회당 / 향긋한 오월의 꽃향기가 / 가슴 깊이 그리워지면 / 눈 내린 광화문 네거리 / 이곳에 이렇게 다시 찾아와요.

언젠가는 우리 모두 / 세월을 따라 떠나가지만 / 언덕 밑 정동길엔 / 아직 남아 있어요 / 눈 덮인 조그만 교회당 / 향긋한 오월의 꽃향기가 / 가슴 깊이 그리워지면 / 눈 내린 광화문 네거리 / 이곳에 이렇게 다시 찾아와요.

언젠가는 우리 모두 / 세월을 따라 떠나가지만 / 언덕 밑 정동길엔 / 아직 남아 있어요 / 눈 덮인 조그만 교회당.

_〈광화문 연가〉, 이영훈 작사·작곡, 이문세 노래

〈광화문 연가〉에 나오는 정동길과 덕수궁 돌담길 인근은 5집이 나오기 전까지 청춘들의 거리였다. 정동의 이화여고, 배재고, 경기여고를 비롯하여 경기고, 서울고, 창덕여고, 진명여고, 숙명여고, 중동고, 휘문고, 양정고 등 과거의 명문고들이 광화문 네거리를 중심으로 산재해 있었던 것이다. 수업을 마치면 학생들은 이 일대로 쏟아져 나왔다.

종로서적을 비롯한 책방에다 입시학원, 분식집, 음악감상실 등이 넘쳐났던 것이다. 1970년대를 거쳐 1980년대 초반까지 이곳에서 학교에 다녔던 일명 '광화문 세대'에게는 젊음이 넘치는 거리, 열병 같은 첫사랑과 이별을 경험한 거리, 꽃다운 시절의 아름다운 추억을 간직한 거리였던 것이다. 이들에게 〈광화문 연가〉는 낭만적인 꿈을 꾸고 청춘을 보냈던 시절의 연가(戀歌)인 것이다.

"잠자고 있던 옛 기억을 일깨워주는 노래, 듣는 동안 과거를 주유케 하는 노래가 있다. <광화문 연가>는 바로 그런 곡이다. 과거가 아름다운 건 꽃다웠던 그 시절이 다 가버렸기 때문 아니던가. 노래는 이제 중년이 된 이들에게 열병처럼 지나온 젊은 날의 기억을 되돌려준다. 세월 따라 떠난 그 시절 청춘들은 지금 어디에 있을까."

_『인생 한 곡』, 김동률

1980년대 이화여고, 중앙고 등 일부를 제외하고 수십 곳의 고교가 도심 교통난 해소와 강남개발을 명목으로 한강 아래쪽으로 쫓겨났다. 경기여고, 경기고, 숙명여고, 중동고, 휘문고는 강남구로, 진명여고, 양정고는 양천구 목동으로, 배재고, 서울고, 창덕여고 등은 강동구, 송파구 등지로 옮겨졌다. 모교가 사라진 광화문 세대에게 이 일대를 기억하는 것은 슬픔이자 그리움이다. 이영훈도 그 시절 어느 언저리에서 배회하고 있었을 것이다. 그나마 그때 그 흔적이 그대로 남아 있는 정동길의 조그만 교회당인 정동교회와 그 끝자락에 있는 고색창연한 MBC 건물(현재 경향신문사), 그리고 덕수궁 돌담길이 위안을 준다.

광화문 세대들은 오늘도 여전히 광화문을 찾는다. 젊은 날 친구들과 밤새 떠들고 놀았던 시간의 흔적을 찾고 숱한 사랑과 실연의 아픔을 보듬어준 그 골목골목들을 잊지 못하기 때문이다. 가끔 국가적 위기가 오면 자유와 낭만이 넘치던 6월 항쟁의 함성을 기억하며 또 광화문으로 모일 것이다. 이문세 노래는 광화문 세대에게 화양연화(花樣年華)의 그리움인 것이다.

미라보 다리 아래 센 강이 흐르고

<그 사람 이름은 잊었지만> 박건

루루 루루루루루 루루루 루루루루루 / 지금도 마로니에는 피고 있겠지 / 눈물 속에 봄비가 흘러내리듯 / 임자 잃은 술잔에 어리는 그 얼굴 / 아 청춘도 사랑도 다 마셔 버렸네 / 그 길에 마로니에 잎이 지던 날 / 루루 루루루루루 루루루 루루루루루 / 지금도 마로니에는 피고 있겠지.

지금도 마로니에는 피고 있겠지 / 바람이 불고 낙엽이 지듯이 / 덧없이 사라진 다정한 그 목소리 / 아 청춘도 사랑도 다 마셔 버렸네 / 그 길에 마로니에 잎이 지던 날 / 루루 루루루루루 루루루 루루루루루 / 지금도 마로니에는 피고 있겠지.

_〈그 사람 이름은 잊었지만〉, 신명순 작사, 김희갑 작곡, 박건 노래

'대학'하면 자유와 낭만이 떠오른다. 자유와 낭만을 상상하지 않고 대학을 말할 수는 없을 것이다. 대학이 취업학원으로 전락

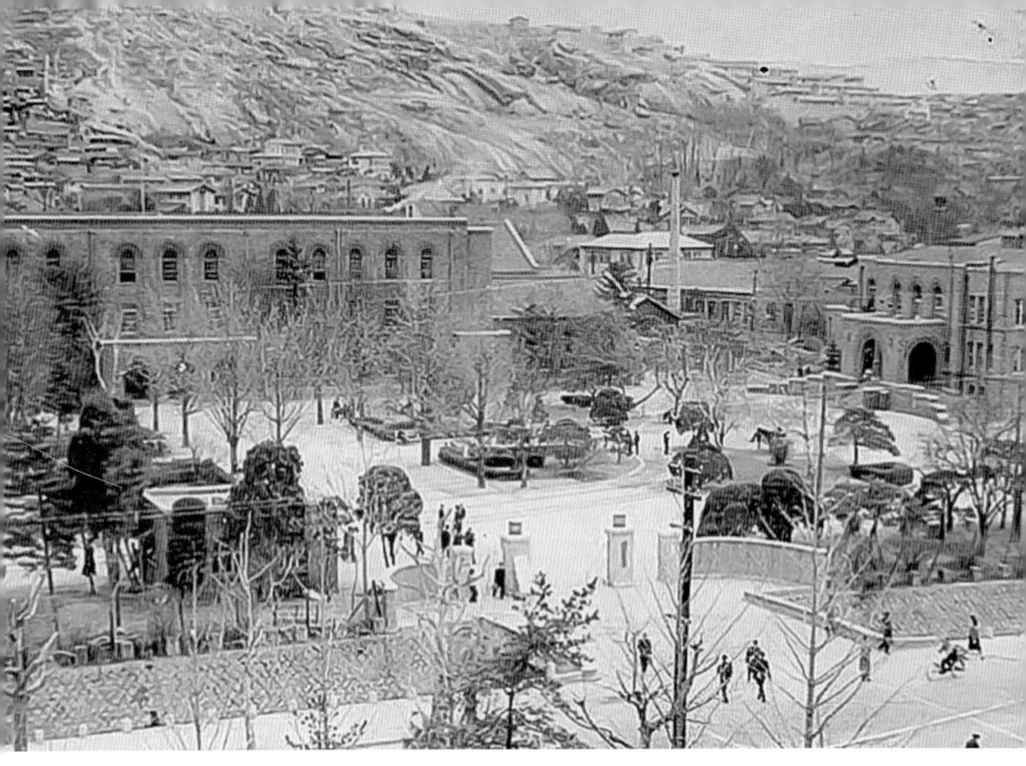

관악으로 이전하기 전 동숭동 서울대 문리대 정문 모습. 대학천(일명 센 강)과 미라보 다리라고 불렀던 건널목이 보인다. 출처=서울대학교 홈페이지

했다는 요즘, 10대의 대부분을 폐쇄적이고 수동적인 교육시스템에서 욕망을 억누르며 살아온 청춘들은 이제 하고 싶은 공부도 하고 무지갯빛 꿈도 꾸며 살기를 바라지만 현실은 녹록지 않다. 하고 싶은 공부는 취업공부로 대체되고 낭만은 스스로 유예시키는 것이다. 삶이, 각박한 현실이 청춘들을 벼랑 끝으로 내몰고 있다. 그래서 가난했지만, 자유와 낭만이 넘쳐났던 예전 대학들이 그리운 것이다.

1971년에 발표된 노래 박건의 〈그 사람 이름은 잊었지만〉을 들으면 대학 시절이 생각난다. 마로니에(Marronnier:프랑스어)

라는 나무 이름 때문일 것이다. 수많은 시인과 소설가, 교수 등 지식인들이 자신의 작품이나 산문 등을 통해 마로니에가 우뚝 서 있던 동숭동 서울대 문리대(현 서울 종로구 대학로 마로니에공원 일대) 시절을 자유와 낭만의 원형처럼 추억하기 때문이다. 어떤 때는 노래 제목이 〈그 사람 이름은 잊었지만〉이 아니고 '지금도 마로니에는'이 아닐까 하고 생각한 적도 많았다. 마로니에라는 단어가 주는 낭만적인 어감과 쓸쓸한 분위기도 한몫했을 것이다. 마로니에가 피고 지는 교정, 밤새워 술 마시며 자유와 정의, 사랑을 논하던 그 숱한 얼굴들, 그때 가슴속에 품었던 꿈들까지 그리운 것이다.

"문리대 캠퍼스에 심어 놓은 많은 나무 중에서 유난히 생각나는 나무는 모두 세 가지다. 봄이면 '세느강변'을 장식하던 노란 개나리꽃, 가을이면 본부 건물 맞은쪽에 있던 중앙도서관 옆의 오래된 은행나무 노란 잎, 나무에 남아 있으면 바라보기 좋았고 땅에 소복이 떨어지면 그 위에 뒹굴며 놀기 좋았다. 캠퍼스 중앙부에는 정문을 바라보고 있던 대학원 건물이 있었고 그 앞으로 마로니에 나무가 심어져 있었다. 미라보 다리로 세느강을 건너 캠퍼스로 들어오면 마로니에 나무가 우리를 반겨 주었다."

_서울대 화학부 신국조 교수 '동숭동 캠퍼스 회상'

그 시절 서울대 학생들은 동숭동 캠퍼스 정문 앞을 흐르는 작은 개천을 '센 강'이라고 불렀고 정문 앞 다리는 '미라보 다리'라고 불렀다. "미라보 다리 아래 센 강이 흐르고 우리들 사랑도 흐르네"라고 노래했던 프랑스 시인 기욤 아폴리네르의 〈미라보 다리〉의 그 다리다. 당시 서울대 정문 사진을 보면 '센 강'의 폭은 약 6~7M 정도로 좁아 보이지만 '미라보 다리'는 폭이 10M 이상 될 정도로 꽤 넓어 보인다. 일본식 2~3층짜리 나지막한 빨간 벽돌 학교 건물과 마로니에 나무 옆 시계탑, 배후에 있는 야트막한 낙산이 잘 조화를 이루고 있다.

그 시절 교정은 서울의 10대 정원으로 꼽힐 정도로 아름다웠다고 한다. 동숭동 문리대는 법대와 함께 1975년 관악캠퍼스로 이전했다. 당시 개천은 지하철 공사로 복개가 되었고 문리대 건물도 본관만 남기고 1970년대 후반 모두 철거됐다. 사적 275호 지정된 본관 건물은 1931년 건립돼 해방 전까지 경성제국대학 본관으로 사용됐다.

그런데 동숭동 문리대 상징 나무인 마로니에는 이미 경성제국대학 건립 시절부터 심겨 있어서 그렇다 치더라도 한국 최고의 대학이 정문 앞 다리, 개천 이름을 모두 프랑스 지명이나 고유명사에서 따온 이유는 무엇일까. 그만큼 자유와 낭만의 상징인 프랑스 파리를 동경했던 것이 아닐까 싶다. '자유 평등 박애'를 기치로 왕정이라는 절대군주체제를 무너뜨리고 국민이 국가의 주인이라는 사실을 일깨운 18세기 프랑스혁명이 먼 한국의 대학생에게도 큰 영감을 주었을 것이다.

2005년도에 방영한 EBS 32부작 드라마 '지금도 마로니에는'을 보면 프랑스혁명의 진원지인 파리 중심가 샹젤리제 거리를 뒤덮고 있는 가로수가 마로니에 나무라는 사실에 남다른 의미를 부여한다. 마로니에 나무가 곧 자유와 낭만을 상징한다는 것이다. 샹젤리제 거리는 개선문에서부터 콩코드광장까지 2킬로미터가량 넓고 곧게 뻗은 도로다. 콩코드광장은 프랑스혁명 중 루이 16세와 왕비 마리 앙투아네트가 처형된 곳이기도 하다.

이 샹젤리제 거리를 휩쓸고 지나간 프랑스혁명을, 마로니에 나무와 센강은 역사의 증인으로서 다 지켜보았던 것이다. 서울대 학생들도 매일 드나들던 정문 앞 '센 강'과 '미라보 다리', 그리고 마로니에 나무를 보며 프랑스혁명의 정신을 계속 되새겼던 것이 아닐까. 『나는 빠리의 택시운전사』 저자 홍세화(1966년 서울대 공대, 1969년 외교학과 입학)는 그것을 '문리대 정신'이라고 명명했다. 불의에 타협하지 않고 자유와 정의, 진리를 탐구하는 대학 공동체, 끊임없이 공부하고 토론하고 도전하는 청춘의 삶을 뜻할 것이다. 1970년대 말 공안사건에 연루돼 프랑스로 망명했던 홍세화는 군 제대 후인 1976년 관악으로 옮긴 새 캠퍼스를 처음 찾았을 때 그 생경함과 어색함을 토로한 적이 있다.

"관악은 실로 낯이 설었다. 문리대는 인문대, 사회대, 자연대 등으로 쪼개졌고 외교학과는 사회대에 있었다. 연극회를 찾아가 볼까 하는 생각도 있었으나 내가 찾아가야 할 연극회가 어느 대학 소속인지 알 수 없어 찾기를 그만두었다. 문리대는 죽었고 그 정신도 죽었는지 찾을 길이 없었다. 내가 복학한 그 대학은 내가 다니던 학교가 아닌 아주 생소한 곳이었다. 장소뿐만

아니라 분위기까지. 이방인이 되어 벙벙하던 나에게 아주 반갑다는 듯이 손을 내밀며 악수를 청한 사람이 있었다. 남대문경찰서 형사였다. 그의 손을 맞잡으면서 나는 쓴웃음을 짓지 않을 수 없었다."

_『나는 빠리의 택시운전사』, 홍세화

1970년대 이전 대학 문리대에는 문과와 이과가 함께 있었다. 요즘 다시 융합의 시대라고 해서 이과적 사고와 인문학적 사고의 결합이 필요하다는 주장이 확산되고 있지만 1970년대 후반에는 분리가 대세였던 모양이다. 홍세화는 동숭동 시절 연극반에 들어간 것을 계기로 김지하(시인) 임진택(판소리) 이상우(연극) 김민기(음악 작곡) 채희완(탈춤) 등과 어울리며 시대의 모순과 억압에 정면으로 맞섰는데 그것을 문리대 정신이라고 했을 것 같다. 그러면서 그는 '마로니에' 노래를 자주 불렀다. 〈그 사람 이름은 잊었지만〉을 서울대 학생들이 즐겨 불렀다는 이야기가 된다.

"어쩌다 우리들의 주머니 사정이 허락하면 명륜동 쪽 허름한 술집도 찾았다. 김지하 선배는 주로 소주를 마셨고 안주는 사과뿐이었다. 나는 한두 잔 마시고 "지금도 마로니에는…"을 불렀고 한목(임진택의 별명)은 간첩 잡는 방법을 가르쳐 주었다. 그러나 우리 가슴 저 밑바닥에는 항상 울분이 깔려 있었다. 흡사 군홧발에 깔린 민주의 알맹이들처럼."

_『나는 빠리의 택시운전사』, 홍세화

서울대를 비롯한 그 시절 모든 대학은 그 자유와 낭만을 되찾기 위해 오랜 투쟁을 전개해 나갔다. 동숭동 문리대는 이런 투쟁의 첨병에 있었다. 자유당 시절 3선 개헌 반대운동을 시작으로 4·19혁명, 한일회담 저지, 반유신 투쟁 등 1960~70년대 저항의 산실 역할을 했던 것이다. 1971년 문리대 불문과에 입학한 시인 이성복은 입대 전 1년간 동숭동에서 생활했던 그 시절이 이후 인생의 방향을 결정할 정도로 절대적이었다고 덧붙인다.

"그 짧은 시절은 여태껏 내가 살아온 세월 가운데 가장 풍부하고 열정적이었고 진지했던 시간으로 기억된다. 지금까지 읽었던 책들의 상당 부분은 그 시절에 알았던 것들이며 지금 가지고 있는 생각들의 태반은 그 시절에 형성된 것이었다. 그 시절은 이를테면 나무뿌리의 부름켜에 해당하는 부분이었다. 사람의 신체적 발육이 십칠팔 세에서 끝난다면, 내 정신의 성장은 내가 만 스무 살이었던 동숭동 시절에서 멎어버렸는지도 모른다."

_『나는 왜 비에 젖은 석류 꽃잎에 대해 아무 말도 못 했는가』, 이성복

이성복은 "동숭동 시절은 돌이킬 수 없는 원체험의 시기였으며 그 이후의 삶은 덧칠과 개칠의 연속에 불과한 것"이라고 고백했다. 동숭동 시절이 이성복이라는 시인의 정체성이 되었다는 말이다. 그만큼 큰 인상을 남겼다는 것이다. 하고 싶은 공부를 하고 가야 할 방향을 탐색하고 어떤 일에 나를 던질 것인가를 결정한 운명적인 순간이었다고 말했다. 대학은 그런 곳이다. 지식을 습득하고 진리를 탐구하는, 그리고 역사를 배우는 곳이

다. 그것이 대학이고 대학의 자유이며 낭만인 것이다. 김지하(1959년 미학과 입학)도 4·19 직후 20대 초반 시절 문리대 지성들이 무엇을 고민하고 토론했는지 한 단면을 회고록을 통해 이야기해준다.

"문리대는 무수한, 그러나 저마다 개성이 다른 온갖 낭만주의자들로 붐볐고 그들의 목청 높은 토론 진행으로 밤낮 시끄러웠다. 마치 백화제방·백가쟁명과 같았다. 마르크스에서 최수운·최한기에 이르기까지, 단군에서 석가·공자·노장(老莊)과 예수까지, 레닌에서 농업사회주의의 사회혁명당 마프노까지, 발레리에서 브레히트까지, 정지용에서 서정주, 김기림에서 임화, 마야코프스키에서 예세닌까지, 그리고 마티스· 피카소에서 시케이로스· 리베라까지, 샹송과 재즈에서 민요·판소리·무가와 정악에 이르기까지. 다 있었다. 없는 게 없었다."

_『김지하 회고록 '흰 그늘의 길'』, 김지하

경제학과 종교, 철학 정치 문학 미술 음악에 이르기까지 수많은 분야의 앞선 이론들을 토론하고 비판하면서 자신의 것으로 습득해 나갔다. 미학과였기 때문에 더욱더 방대했을지도 모른다. 사실 그렇게 공부하고 토론하는 장을 만들어 주는 게 대학의 역할이다. 동숭동 시절이기에 가능했을 것이다. 종종 학문의 자유는 억압당했고 학생들은 억압에 저항했지만 말이다.

미라보 다리 하니까 필자가 다니던 1980년대 부산대도 생각난다. 낭만이 있었다. 문리대는 이미 인문대와 자연대로 분리돼 있었지만, 수많은 서클이 다양한 지적 욕구를 채워주는 역할을 했다. 야학 모임을 비롯하여 교양서클, 봉사서클, 이념서클, 체육서클 등 다양했다. 금정산 자락에 위치한 부산대는 현재의 인문관(옛 대학 본관) 옆쪽으로 아름다운 계곡이 있는데 우리는 그곳을 미리내 계곡이라고 불렀다. 아마 조그만 개천이었다면 센 강이라고 불렀을지도 모른다. 계곡 곳곳에는 서클 파크가 있었다. 외부에 있는 서클 모임 장소였다.

미리내 계곡은 숲이 울창해 여름이면 시원하고 가을이면 낙엽이 쌓여 운치가 있었다. 거기서 책 읽고 토론하고 기타 치고 노래하며 놀았다. 인문관에서 중앙도서관 쪽으로 가려면 미리내 계곡을 가로지르는 다리를 건너야 하는데 선배들은 그 다리를 '미라보 다리'라고 불렀다. 옛 서울대 정문 앞, 다리를 미라보 다리라고 했던 것처럼 프랑스의 자유와 낭만을 갈망했기에 그랬으리라. 낭만과 화염병이 공존하던 1980년대 초반이었다.

〈그 사람 이름은 잊었지만〉은 두 가지 해석이 존재한다. 시원한 휘파람 전주가 인상 깊었던 이 노래는 끝나 버린 사랑에 대한 감상을 변치 않고 그 자리에 있는 마로니에 나무에 비유해 노래했다는 것이 그 하나다. 바람이 불고 낙엽이 지듯이 청춘도 사랑도 사라졌지만, 산천은 그대로였다는 애틋함이 깔려 있다.

다른 하나는 당시의 시대 상황을 반영했다는 해석이다. 작사가 신명순이 문리대 미학과 출신으로 시인 김지하의 후배였다는 주장에 근거한다. 수많은 대학생이 잡혀가고 휴교령이 내려지던 시절, 학교 밖으로 쫓겨났던 학생들이 술을 마시면서 학교 안 마로니에 나무를 회상하고(지금도 마로니에는 피고 있겠지) 잡혀간 벗들(어떤 이에게는 애인이기도 했을 것이다)을 그리워하며(임자 잃은 술잔) 사라져 가는 젊음과 사랑을 안타까워하는 내용이라는 것이다. 특히 '루루루루' 라는 허밍은 당시 말할 수 없는 시대를 풍자한 것이라고 해석하기도 한다. 김지하도 그의 회고록에서 이름은 언급하지 않았지만, 함께 미학과를 다니던 한 라디오 작가의 드라마 주제가였다며 당시 유행했던 이 노래의 한 구절을 인용했다. "아, 청춘도 사랑도 다 마셔 버렸네, 그 길에 마로니에 잎이 지던 날…."

대학이 관악으로 옮겨간 뒤 동숭동은 새로운 문화공간으로 탈바꿈했다. 문리대 자리는 마로니에공원으로 조성됐고 법대 자리에는 한국방송통신대, 서울사대부설초등·중학교가 들어섰다. 그리고 그 주위로는 신촌 등 서울 곳곳에 흩어져 있던 문화단체와 극장이 속속 점령하기 시작하면서 서울을 대표하는 문화예술의 거리로 재탄생한 것이다. 지금은 아르코예술극장(옛 문예회관 대극장)을 비롯하여 아르코미술관, 대학로예술극장, 바탕골소극장, 연우무대, 샘터파랑새극장, 학전소극장 등 200여 곳의 공연장이 밀집해 있다.

대학로라는 이름은 1985년 붙여졌다. 종로구 이화동 사거리에서 혜화동 로터리까지 1.5킬로미터 거리를 말하는데 인사동에 이어 두 번째로 2004년 '서울시 문화지구'로 지정됐다. 열정

하나만 갖고 대학로에서 굶어가며 연극하던 젊은이들이 이젠 한국 영화의 중추적 역할을 하고 있다. 송강호 김윤석을 비롯하여 문성근 김명곤 황정민 설경구 조승우 장현성 김의성 등 넘치고 넘친다. 문리대가 남기고 간 자유와 낭만, 도전정신이 아직도 영향을 미치는 느낌이다. 대학로는 80년대 이후 오랫동안 학생운동의 중심축 역할을 맡기도 했다.

"학생운동이 한창이던 80년대 대학로는 언제나 들썩이는 거리였다. 주말과 휴일이면 전국에서 제일 넓은 횡단보도가 있다던 대학로는 차 없는 거리로 조성됐다. 대신 그 자리는 젊은이들이 거리 공연을 하고 스케이트보드를 탔으며 한쪽에서는 막걸리판이 벌어지는 왁자지껄한 공간이었다. 또한 학생운동의 중심지였다. 서울 곳곳에서 모여든 학생들은 대학로에서 연합행사와 집회를 하기도 했다."

_이다일 경향닷컴 기자
'서울문화 대표하는 예술의 거리-동숭동 대학로'

동숭동 문리대 시절의 기억을 간직한 또 다른 장소는 없을까. 모든 사람이 이구동성으로 꼽는 곳은 1956년에 개업한 학림다방과 1925년 개점한 중국집 '진아춘'이다. 각각 60년, 90년 넘게 영업을 하고 있으니 대단하다고 말할 수 있다. 둘 다 '서울미래유산'으로 지정돼 있다. 물론 위치와 건물 모습은 조금씩 바뀌었지만, 그 시절 분위기와 맛은 그대로 남아 있다. 마로니에를 기억하고 있는 사람들이 대학로에 오면 꼭 한 번씩 들르는 명소다.

학교 정문 건너편에 있던 학림다방은 대학로의 상징과도 같은 곳이다. 옛 서울대 문리대 축제 이름 '학림제(學林祭)'을 본떠 만든 다방 이름부터 추억이 깃들어 있다. 물론 다방 이름에서 학림제라는 축제 이름을 붙였다는 이야기도 있으니 어쨌든 학림다방과 문리대는 떼려야 뗄 수 없는 사이인 것이다. 학림제가 열리면 캠퍼스는 쌍쌍파티, 음악회, 막걸리 마시기 대회 등으로 시끌벅적했다고 한다.

여하튼 학림다방은 서울대 문리대 제25 강의실로 불릴 만큼 문리대 학생들의 아지트 역할을 했다. 굵직굵직한 시국 사건의 모의와 작당을 다 여기서 했다. 1981년 전국을 떠들썩하게 했던 전민학련(전국민주학생연맹) 용공 조작 사건을 '학림사건'이라고 하는데 주동 학생들이 학림다방에 모였던 데서 비롯됐다. 그해 부산에서도 양서조합 독서 모임 용공 조작 사건이 발생하는데 '부림사건'이라고 이름 붙여졌다. '부산의 학림사건'이라는 뜻인데 영화 〈변호인〉의 배경 사건으로 등장하면서 대중들의 관심을 끌었다.

지금의 학림다방은 이충렬 대표가 1987년부터 30년 넘게 운영해 오고 있다. 2층 다방으로 올라가는 입구 왼편에 문학평론가 황동일의 서울미래유산 지정 기념 글귀가 눈길을 끈다. "학림은 아직도, 여전히 60년대 언저리의 남루한 모더니즘 혹은 위악적인 낭만주의와 지사적 저항의 1970년대쯤 어디에선가 서성거리고 있다"라며 초현대, 초거대 메트로폴리탄 서울에서 1960년대 혹은 70년대로 시간 여행할 수 있는 곳이 몇 군데 되겠냐며 학림다방의 존재 의미를 되새긴다.

삐걱대는 나무 계단을 따라 2층으로 올라가면 시간이 멈춘 듯한 오래된 다방이 불쑥 나온다. 10여 개의 나무 탁자와 의자, 수백 장의 LP판, 계산대로 이용하고 있는 DJ박스 등 세월의 흔적이 곳곳에 묻어 있다. 낡았는데 세련됐다. 마음이 편안해진다. 그 옛날 수많은 청춘이 인생을 이야기하고 문학과 철학을 논하고 역사를 생각했던 공간이다. 그리고 수많은 에피소드를 간직한 다방이기도 하다.

1950~60년대 청춘들의 판타지였던, 독일 문학 번역가이자 수필가였던 전혜린의 단골 다방이자 자살하기 하루 전 눈 오는 토요일에 들렀던 곳, 그날 전혜린과 마지막을 함께 보낸 자유기고가 이덕희(55년 법대 입학)의 60년 학림 사랑도 놀랍기만 하다. 1956년 개업 때부터 2016년 사망 때까지 60년 단골이었다는 것이 믿기지 않는다. 왜 그녀를 '학림다방의 비품'이라고 했는지 이해가 간다. 통일운동가 백기완도 초창기부터 매일 아침 들러 그가 앉던 창가 자리는 항상 '예약석' 표시가 돼 있었다는 이야기도 이젠 전설이 되었다.

그 창가 자리에서 인기 드라마 〈별에서 온 그대〉를 찍어 중국인들도 자주 온단다. 학림다방은 삶의 기쁨과 슬픔이 켜켜이 쌓여 있는 그런 곳이다. 학림다방은 또 대학로에서 커피 맛이 좋기로 유명한 곳이다. '핸드드립 커피'가 생소하던 80년대부터 원두를 직접 볶고 갈아 커피를 만들었던 이충렬 대표의 수많은 시행착오가 만들어낸 맛이다. 비엔나커피와 크림치즈 케이크가 대표 메뉴다.

“또 빼놓을 수 없는 것은 캠퍼스 주변 명물 ‘春’자 돌림의 중국집 두 곳, 우측 건너편의 진아춘(進雅春), 좌측 옛 공업연구소 건너편의 공락춘(共樂春). 겨울에 공락춘에 집에서 싸온 도시락을 들고 들어가 떡 버티고 앉아 ‘짬뽕 국물이요…’ 하고 외쳐도 마음씨 좋은 주인은 전혀 인상을 쓰지 않고 따끈한 짬뽕 국물만 가져다주었고 우리는 매우 저렴한 국물 값만 내고 행복한 점심식사를 마칠 수 있었다. 어쩌다 입주 가정교사를 하는 친구의 주머니가 좀 여유가 있으면 기세 좋게 ‘짬뽕 국물과 야끼만두 한 접시요’를 부르짖었다. 그날은 마치 우리의 생일이나 된 듯하였다.”

_서울대 화학부 신국조 교수 ‘동숭동 캠퍼스 회상’

동숭동 명물이던 중국집 중 지금까지 남아 있는 곳은 진아춘이다. 본래 정문 건너편에 있었지만 치솟는 월세에 쫓겨 혜화역 인근 골목 안으로 자리를 옮겼다. 3대째 화교가 운영하는 진아춘은 정통 중국집 맛에 가깝다. 대표 음식은 자장면 깐풍기 군만두.

동숭동 문리대에서 발표한 수많은 선언문 중 가장 순수하고 열정적이며 가슴을 뛰게 만드는 것은 역시 1960년 4·19 당일 발표된 ‘문리대 선언문’이다. 자유와 낭만이 넘치는 명문이다. 젊은이들이 자유·정의·진리에 목말라하고 불의에 굴복하지 않는다면 그다음 세대는 항상 희망에 가득 차 있다는 말이 생각나는 글이다. 끝부분을 인용한다.

“보라! 우리는 기쁨에 넘쳐 자유의 횃불을 올린다. 보라! 우리는 캄캄한

밤의 침묵에 자유의 종을 난타하는 타수의 일익임을 자랑한다. 일제의 철퇴 아래 미칠 듯 자유를 환호한 나의 아버지, 나의 형들과 같이….

양심은 부끄럽지 않다. 외롭지도 않다. 영원한 민주주의의 사수파는 영광스럽기만 하다. 보라! 현실의 뒷골목에서 용기 없는 자학을 되씹는 자까지 우리의 대열을 따른다. 나가자! 자유의 비밀은 용기일 뿐이다. 우리의 대열은 이성과 양심과 평화, 그리고 자유에의 열렬한 사랑의 대열이다. 모든 법은 우리를 보장한다."

_4·19 당시 서울대 문리대 선언문

청춘의 사랑은 바람같이 사라지네

<Yesterday When I was Young> 로이 클락

(내가 했던 사랑은 항상 좋지만은 않았지 / 그러면서 난 나이가 들어가고 있네.)

내가 젊었을 때 / 인생은 내 혀끝의 빗물처럼 달콤했지 / 난 바보 같은 게임을 하듯 인생을 대했어 / 마치 촛불을 흔드는 저녁 바람처럼 말이야.

내가 꾸었던 수많은 찬란한 꿈들 / 내가 계획했던 장대한 것들 / 언제나 부서질 듯한 모래성을 쌓았던 거야 / 한낮의 밝은 빛을 멀리하고 향락의 밤에만 살았던 나 / 지금 와서 생각하니 세월만 덧없이 흘렀네.

내가 젊었을 때 / 수많은 노래들이 불리어 지기를 기다리고 / 오직 유흥만이 내 삶의 전부인 줄 알았지/ 하지만 지금은 내 현혹된 눈으로는 볼 수 없는 고통만이 남았어.

난 젊은 시절을 너무 빠르게 달렸어 / 인생이 무엇인지 생각할 시간도 없이 / 내가 기억할 수 있는 모든 대화들도 / 나에게는 더 이상 아무것도 아닌

영화 〈그해 여름〉의 한 장면. 석영이 레코드점 앞에서 노래를 듣고 있는 정인을 빤히 보고 있다.

것을 말이야.

달빛이 푸르렀던 지난날 / 무엇인가 새로운 것들이 계속 나를 찾아오던 그날들 / 난 마술 같은 젊은 날을 마치 마법의 지팡이라도 되는 듯 마구 써버렸지 / 그러면서 그 이면의 세월의 낭비와 공허함을 보질 못했어.

자존감과 거만함에 빠져 사랑의 게임을 즐겼어/ 내가 밝혔던 불꽃은 너무도 빨리 죽어가고 / 젊은 날의 친구들은 이제 어디로 가버렸을까 / 이제 삶의 끝자락에서 난 무대 위에 홀로 서있을 뿐이야.

수많은 노래가 있었지만 부를 수 없었고 / 혀끝에 떨어지는 눈물은 쓰기만 하구나 / 나에게 지금은 지난 젊은 시절을 보상해야 할 때라네.

_〈Yesterday When I was Young〉, 허버트 크레츠머 작사,
샤를르 아즈나부르 작곡, 로이 클락 노래

(Seems the love i've known has always been / The most destructive kind / Guess that's why now / I feel so old before my time.)

Yesterday when I was young/ the taste of life was sweet as rain upon my tongue. / I teased at life as if it were a foolish game / the way the evening breeze may tease a candle flame.

The thousand dreams I dreamed, the splendid things I planned / I always built alas on weak and shifting sand / I lived by night and shunned the naked light of the day / and only now I see how the years ran away.

Yesterday when I was young / so many happy songs were waiting to be sung / so many wayward pleasures lay in store for me / and so much pain my dazzled eyes refused to see.

I ran so fast that time and youth at last ran out / I never stopped to think what life was all about / and every conversation I can now recall / concerned itself with me and nothing else at all.

Yesterday the moon was blue / And every crazy dat Brought something new to do / I used my magic age As if it were a wand / And never say the waste And emptiness beyond.

The games of love I played With arrogance and pride / And every flame I lit too quickly quickly died / The friends I made all seemed Somehow to drift away / And only I am left On stage to end the play.

There are so many songs in me that won't be sung / I feel the bitter taste of tears upon my tongue / The time has come for me to pay for / Yesterday when I was young.

_〈Yesterday When I was Young〉

청춘이란 무엇일까. 인생의 봄날이란 뜻이다. 봄날이라면 아름답고 따뜻하고 만물이 새롭게 태어나는 시기다. 인생의 봄날은 환희와 열정이 넘치는 계절이다. 모든 가능성이 열려 있고 어떤 길을 가도, 무슨 일을 해도 거칠 것이 없는 순백의 시절인 것이다. 독일의 시인 헤르만 헤세가 "살아라, 자라라, 꽃피우라. 희망하라, 사랑하라 / 기뻐하라, 새싹을 내밀라 / 몸을 던지고 삶을 두려워하지 말라"라고 읊조리던 그때다. 그런데 훗날 되돌아보면 모든 것이 처음이고 서툴기 때문에 수많은 방황과 상처, 후회가 동시에 낙인처럼 박혀 있는 계절이기도 하다.

1969년 미국의 컨트리 가수 로이 클락이 발표한 〈Yesterday When I was Young〉은 삶의 끝자락에서 그런 청춘의 한때를 회상하며 부르는 노래다. 회한을 담뿍 담은 노래지만 거꾸로 생각하면 그 시절만큼 가슴 뛰게 만든 적은 없었다는 고백으로도 들린다. 청춘의 나날은 혀끝에 떨어지는 빗물처럼 달콤하고 맑게 갠 하늘의 무지개처럼 찬란하다. 꿈꾸지 못할 것은 없으며 이루지 못할 것도 없을 것 같았던 행복한 시절이었다. 〈Yesterday When I was Young〉은 누구나 가슴 깊은 곳에 하나씩 숨겨 놓았던, 인생의 가장 아름다운 시절을 노래한다. 삶의 모순은 청춘의 그 시절에는 그 하루하루가 얼마나 소중하고 아름다운지 인식하지 못한다는 데서 비롯된다.

처음 가는 길이라 서툴고 방황하는 게 당연하지만, 청춘은 그것을 알 수 없다. 실수와 좌절과 도전이 청춘의 특권이라는 사실을 알 수 없다. 그래서 고뇌하고 번민하며 자책한다. 아쉽게도 그런 청춘의 시절이 아름다웠었다고 느끼게 되는 것은 언제나 먼 훗날이다. 이 시간적 불일치가 유한한 인간의 불행이다. 젊은 날의 고통과 방황마저 훗날 아름답게 느껴지는 것은 계산하지 않은 순수함과 열정 때문일 것이다. 헤르만 헤세도 '청춘과 방황'에 대한 회한 어린 글을 남겼다.

"아, 젊음은 아름다운 것이다. 그때는 참으로 좋았다. 물론 죄나 슬픔도 이미 숨어 있기는 했지만 그래도 분명 행복한 세월이었다. 그 무렵의 나처럼 그런 식으로 술을 마시고, 그런 식으로 춤을 추고, 그런 식으로 사랑의 밤들을 칭송한 사람은 그리 많지 않을 것이다. 그러나 그때 그 정도로 끝냈어야 했다. 그 후로는 다시 그런 행복한 시절은 오지 않았다. 그래, 그것이 내 젊음의 마지막이었다."

_『청춘이란 무엇인가』, 헤르만 헤세

헤르만 헤세가 『청춘이란 무엇인가』에서 말한 청춘의 환희와 아쉬움, 〈Yesterday When I was Young〉에서의 달콤함과 고통은 같은 것이다. 모든 청춘에는 벅찬 기쁨과 지독한 후회가 함께한다. 〈Yesterday When I was Young〉을 영화로 만든다면 2006년 개봉한 한국영화 〈그해 여름〉이 될 것이다. 인터넷을 통해 우연히 보게 된 청춘들의 가슴 아픈 사랑 이야기다. 〈Yesterday When I was Young〉은 그 영화 삽입곡이다. 노래가 너무 좋아 영화 대본을 만들고 제작하지 않았을까 할 정도로 내용과 정서가 딱 맞았다. 비극이지만 너무 아름답다. 회한보다는 아름다운 추억에 방점이 찍혀 있다. 영화의 마지막 대사 "내 인생이 힘들 때 언제나 당신과의 시간을 생각해요. 우리 울지 말아요. 소중한 시간들을 아름답게 기억해요." 아름다운 추억을 선물해 줘서 고맙다는 메시지를 담은 〈그해 여름〉과 삽입곡 〈Yesterday When I was Young〉은 완벽한 조화를 이뤘다. 삶의 비밀을 살짝 엿본 듯하다.

사회적으로 명망 있는 윤석영(이병헌 분) 교수는 TV 교양프로그램에서 평생 꼭 만나고 싶은 사람이 있느냐는 질문에 첫사랑 서정인(수애 분)과의 가슴 아픈 이야기를 들려준다. 1969년 여름, 3선 개헌 추진으로 대학가가 시끄러운 와중에 석영은 농촌봉사활동을 떠난다. 풋풋한 20대 청년 석영은 거기서 도서관 사서로 일하고 있던, 햇살보다 맑은 정인을 만나 첫눈에 사랑에 빠지게 된다. 석영의 관심과 짓궂은 장난을 부담스러워하던 정인도 어느새 석영에게 마음을 빼앗긴다. 농활이 끝나고 석영은 서울로 돌아가야 하지만 일행에서 떨어져 나와 정인에게 되돌아온다. 서로의 마음을 확인한 석영과 정인은 같이 서울로 올라

간다. 3선 개선 반대시위가 한창일 때 학교 내에서 서성이다 잡혀간 두 사람은 정인 아버지가 월북자란 사실이 드러나 빨갱이로 몰릴 위기에 처한다. 재력가인 석영 아버지는 석영에게 정인을 모르는 사람이라고 발뺌하라고 설득한다. 대질신문 자리에서 석영은 정인을 모르는 사람이라고 부인하고 풀려난다. 석영은 정인의 석방을 위해 아버지에게 무릎을 꿇는다. 정인은 출소한 뒤 석영과 여행을 떠나려고 서울역으로 간다. 머리가 아프다는 정인의 말에 석영이 약 사러 잠시 자리를 비운 사이 정인은 사라져 버린다. 그 후 석영은 오랜 세월 정인을 그리워하며 혼자 산다. 모르는 여자라고 했던 말이 평생의 고통으로 남아 있다. 수소문 끝에 담당PD가 정인을 찾아보니 어느 시골초등학교에서 일하다 최근에 죽었다는 사실을 알게 된다. 석영의 앞날에 짐이 될까봐 평생 숨어 살았던 것이다.

〈그해 여름〉에서 인상 깊은 장면은 세 군데다. 농활을 마친 석영이 서울로 돌아가지 않고 정인에게 다시 왔을 때 정인이 기뻐 달려와 안기는 장면이 그 첫 번째다. 머리는 그쯤에서 끝내야 한다는 걸 알지만 가슴은 서로에게로 향한다. 앞뒤 가리지 않는 열정에 빠져드는 순간이다. 눈물 그렁그렁한, 씩씩한 농촌 여자 수애의 연기도 일품이다. 수애는 "왜 왔어요. 내가 얼마나 힘들게 보냈는데… 그러면 안 되는데 내가 기다려서 석영 씨가 돌아왔나 봐요."라며 반가움에 울부짖는다. 그녀에게 석영은 한여름 땡볕 아래 쏟아지는 시원한 소나기 같은 존재인 것이다.

석영의 연기도 수애 못지않다. 촌스럽지만 순수하고 머뭇머뭇하며 애정을 표현하는 내면 연기는 애절함 그 자체였다.

두 번째는 경찰 조사에서 정인을 모른다고 부인하는 석영의 진술에 정인도 그 뜻을 알아채고 같이 모른다고 동조할 때의 안타까운 눈빛이다. 비겁했던, 비겁할 수밖에 없었던 석영에게 애써 웃음 짓는 그녀, 사랑을 위해서 영원한 이별을 선택하는 것이다. 빨갱이라고 몰아세우는 거대한 공권력 앞에서 인간은 초라하다. 비겁할 수밖에 없는 것이 우리 인간이다. 모든 첫사랑은 여기에서 멈춘다. 물론 아는 사람이라고 말하고 감옥으로 가는 사람도 있겠지만 보통은 그렇지 않을 것이다. '바다새'라는 아이디를 갖고 있는 네티즌의 영화평 댓글이 재미있다.

"배우가 최민수라면 저러지 않았을 거다. 알아? 몰라? 안다. 그리고 지옥 끝까지 따라갔을 거다. 이병헌의 매력은 저런 데 있다. 사랑하지만 겁 많은 아이 같다는 거, 그래서 애달프다."

마지막 장면은 우여곡절 끝에 석방된 두 사람이 마음을 추스르기 위해 여행을 떠나려고 서울역에 왔지만, 정인이 석영 몰래 떠나는 장면이다. 두통약 사러 약국으로 가던 석영을 지켜보던 정인의 애달픈 눈과 약국으로 뛰어가다 뒤돌아보던 석영의 눈빛이 가슴 아프다. 그때 정인은 속으로 말한다. "석영 씨, 이다음에는요 절대 손 놓지 말아요. 사랑해요." 청춘의 사랑은 바람같이 사라진다.

모든 첫사랑은 비슷한 전형을 만든다. 우연히 사랑에 빠지고(열정) 불가항력의 고통에 맞서다(갈등) 그 사랑을 추억으로 남긴다(이별)는 것. 그런데 그 추억이 삶에 힘이 된다는 것이 이 영화의 주제다. "아무리 어두운 기억도 세월이 연마한 고통에는 광채가 따르는 법"이라는 소설가 박완서의 말처럼 석영과 정인도 서로를 평생 그리워하며 살았다는 것을 알게 된다. "그게 가장 걱정이 돼, 그녀가 외롭게 살았을까 봐…"라는 늙은 석영의 마지막 고백에 그녀가 편백나무 잎을 통해 전하는 사랑의 메시지는 아름답다. "난 잘 있어요. 걱정하지 말아요. 나 행복해요."

〈그해 여름〉이라는 영화는 사실 김광석의 〈너무 아픈 사랑은 사랑이 아니었음을〉이라는 곡을 김필이 리메이크해 부른 노래의 뮤직비디오를 통해 알게 됐다. 김필은 이 노래를 정말 애절하게, 절규하듯이 불렀다. 김광석의 '담담한 쓸쓸함'과는 색다른 매력이 있었다. 그런데 그 노래에 깔린 뮤직비디오가 더 심금을 울렸다. 석영과 수애가 서울역에서 헤어지는 장면이었다. 수애의 눈물과 석영의 망연자실한 표정이 혼재된 이별, 오랫동안 여운이 남았다. 나중에 그 뮤직비디오가 〈그해 여름〉의 한 장면이라는 사실을 알게 됐다. 김광석은 너무 아픈 사랑은 사랑이 아니라고 노래했지만, 그 자신은 "안 아프면 사랑이라고 할 수 없겠죠"라고 말했다. 결국, 모든 사랑은 아프다는 것이다.

그대 보내고 멀리 가을 새와 작별하듯 / 그대 떠나보내고 돌아와 술잔 앞에 앉으면 / 눈물 나누나 / 그대 보내고 아주 지는 별빛 바라볼 때 / 눈에 흘

러내리는 못다 한 말들 그 아픈 사랑 / 지울 수 있을까.

어느 하루 비라도 추억처럼 흩날리는 거리에서/ 쓸쓸한 사람 되어 고개 숙이면 그대 목소리 / 너무 아픈 사랑은 사랑이 아니었음을 / 너무 아픈 사랑은 사랑이 아니었음을.

어느 하루 바람이 젖은 어깨 스치며 지나가 고/ 내 지친 시간들이 창에 어리면 그대 미워져 / 너무 아픈 사랑은 사랑이 아니었음을 / 너무 아픈 사랑은 사랑이 아니었음을.

이제 우리 다시는 사랑으로 세상에 오지 말기 / 그립던 날들도 묻어 버리기 못다 한 사랑 / 너무 아픈 사랑은 사랑이 아니었음을 / 너무 아픈 사랑은 사랑이 아니었음을.

_〈너무 아픈 사랑은 사랑이 아니었음을〉, 김광석 작사·작곡·노래

김광석은 공연 실황에서 사랑 때문에 마음이 아픈 것은 "스스로 투자한 시간이나 정이 아까워서 아플 수도 있고 마음을 몰라줘서 아플 수도 있으며 자존심이 상해서 아플 수도 있다."라고 설명한다. 김광석이 부른 〈너무 아픈 사랑은 사랑이 아니었음을〉은 김광석의 쓸쓸한 목소리와 구슬픈 하모니카 전주와 간주, 그리고 가슴을 때리는 듯한 통기타의 오른손 스트로크 주법이 어우러져 더 애절하게 들린다.

김광석이 사망하기 2년 전인 1994년께 부산 중구 가톨릭센터 소극장에서 그의 공연을 본 적이 있다. 그는 그때 1천 회를 목표로 전국투어를 하고 있었다. 인상적이었던 것은 모든 노래를 가성을 쓰지 않고 진성으로 부르다 보니 한 번씩 음 이탈이 나

왔다는 것과 노래와 노래 사이에 떠듬떠듬 자신의 이야기를 재미있게 해준다는 것, 그리고 노래 도중에 가끔 오른쪽 하늘을 쳐다본다는 점이었다.

오른쪽 하늘이라고 해봐야 하얀 천장이지만, 그 행동이 왠지 쓸쓸함을 더했던 것 같다. 노래에 진심을, 마음을 담는다는 게 무엇인지 가르쳐준 가수였다. 그 후 오랫동안 그의 노래 〈거리에서〉와 〈일어나〉를 나도 따라 불렀다.

〈Yesterday When I was Young〉을 듣다 보면 한 가지 의문점이 떠오른다. 과연 먼 훗날이 되면 젊은 시절과 같은 동일한 실수와 방황을 하지 않을 것인가 하는 점이다. 아마 수많은 성공과 실패의 경험으로 삶에 대한 자세가 더 여유롭고 지혜로워졌을 것은 분명하다. 이제 젊은 시절의 자신에게 조언도 하고 더 나은 방향을 제시하고도 싶을 것이다.

성공한 여성 30명이 젊은 날의 자신에게 보낸 편지를 엮은 『지금 알고 있는 것을 그때의 내가 알았더라면』(엘런 스프라긴스)이라는 책을 보면 몇 가지 힌트를 얻을 수 있다. 무엇을 고민이라고 생각했으며 어떤 자세로 삶을 사는 게 지혜로울 것인지 보여준다.

“사실 남들과 같지 않다는 건 기뻐해야 할 일이란다. 사랑을 베풀고 옳은 일을 실천한다면 피부색이야 어떻든 인정받는 날이 꼭 올 거야. 진짜 네 모습에 확신이 생긴다면 고민도 줄어들 거야.”

_마흔일곱 살의 앤이 스물두 살의 수습기자 앤에게

“다른 사람에게 인정받으려는 생각은 버리도록 해. 그건 네가 다른 사람에게 네 행복을 맡기고 있는 거나 마찬가지야. 조종당하며 힘들게 살지 말고 네 자신의 내면에 충실하렴. 그러면 네가 간절히 원하는 것들을 자연스럽게 찾게 될 테니까.”

_가수이자 작곡가인 마흔두 살의 트리샤가 원치 않는
결혼을 하려하는 트리샤에게

“인생에서 가장 중요한 건 시간과 사람이야. 흘러가는 시간은 다시 돌이킬 수도 다시 찾을 수도 없어. 그건 이미 너도 알고 있겠지. 그러니 넌 그때그때 최선을 다해야 한단다.”

_메이크업 아티스트인 쉰다섯 살의 트리쉬가 어머니가
세상을 뜨기 일 년 전의 트리쉬에게

“어떤 실수는 오랜 시간이 지난 후에도 다시 널 찾아와 괴롭히기도 한단다. 이번 일은 네가 쌓아 올린 경력을 무너뜨리게 될 거야. 항상 네 마음이 시키는 대로 따라가렴. 뭔가 잘못됐다는 느낌이 들면 그건 분명 옳은 일이 아니란다.”

_TV 진행자인 마흔아홉 살의 바니가 돈을 위해
하기 싫은 일을 하던 스물네 살의 바니에게

먼 훗날에는 더 연륜이 쌓여 만약 젊은 날로 돌아간다면 세상일을 더 잘하고 후회도 덜 할 것 같지만 배우 셸리는 꼭 그렇지만은 않을 수도 있다고 말한다.

"난 네게 이런 말을 해주고 싶어. 어떤 시기의 삶에 대해 네가 아는 그 이상을 알 수는 없는 법이라고. 그때 알고 있었다면 다르게 행동했을 텐데, 하는 생각으로 자신을 괴롭혀서는 안 돼. 넌 지금 사람들과의 관계도 위태로운 상태야."

_예순아홉 살의 배우 셸리가 아버지의 죽음으로
비탄에 잠겨 있는 젊은 날의 셸리에게

셸리는 특정한 시기의 삶에 대해 그 당시 알았던 것 이상으로는, 그 누구도 알 수 없을 것이라고 지적한다. 그러니 다르게 생각하고 더 좋은 방향으로 행동한다는 것은 어렵다는 말이다. 정답이 없다는 것이다. 왜 그렇게 어리석게 행동했을까 생각하며 죄책감에 빠지지 말라는 이야기다. 먼 훗날인 지금의 나도 흔들리는 것은 마찬가지라고 고백을 한다. 이게 삶의 진실이 아닐까 생각한다. 결국, 하루하루 성실히 살되 어떠한 결과가 나와도 받아들이는 것이 삶이 아닐까 생각한다.

〈Yesterday When I was Young〉은 청춘의 한때를 낭비한 것에 대한 회한의 노래가 아니라 청춘은 아름답다는, 아니 모든 지상에서의 삶은 아름답다는 진실을 노래한 것이다. 이 노래를 통해서 우리는 행복한 청춘으로의 시간여행을 떠날 수 있고 그 추억을 통해 살아갈 힘을 얻기도 한다. 단지 청춘은 꽃이 피는 계절이기에 더 애틋하고 가을은 한해를 마감하는 문으로 들어가는 계절이기에 쓸쓸하겠지만 추억이라는 열매가 그 보상을 하고도 남을 것이다. 결국 '받아들이는 삶'보다 아름다운 삶은 없다는 사실이다.

시인 나태주는 "저녁때 돌아갈 집이 있다는 것 / 힘들 때 마음속으로 생각할 사람이 있다는 것 / 외로울 때 혼자서 부를 노래가 있다는 것"이 '행복'이라고 했다. 행복은 이처럼 아주 가까운 곳에 있다. 청춘이라는 추억을 마음속에 간직하고 있는 사람은 행복한 사람이다. 〈Yesterday When I was Young〉과 아주 닮은, 청춘을 노래한 또 다른 팝송 〈Yesterday Once More〉를 덤으로 듣는다. 들을 노래가 남았다는 것도 행복이다.

어렸을 적에 / 내가 좋아하는 노래들이 / 나오기를 기다리면서 라디오를 듣곤 했었어 / 그 노래가 나오면 난 따라 불렀고 / 미소를 지었었지.

그땐 참 행복한 시절이었고 / 그렇게 오래전 일도 아닌데 / 그 행복한 시절이 어디로 사라져 버렸는지 궁금해 / 하지만 그건 다시 살아났어 / 마치 연락 없이 지냈던 친구처럼 난 그 노래들을 너무도 좋아했어.

그 노래 중 샬랄랄라~ 워우워우 하는 부분은 / 아직도 아름다워 / 노래 도입부에 싱얼링~ 이라고 하는 것도 너무 좋아.

노래 가사에서 남자가 여자를 가슴 아프게 하는 부분에 이르면 / 마치 예전으로 돌아간 듯 난 눈물이 날 것만 같아 / 다시 한번 그때로 돌아갈 수 있

으면 좋을 텐데.

세월이 지나 과거엔 어땠는지 뒤돌아보니 / 오늘날은 내가 누렸던 그 행복한 시절들에 비해 좀 처량해 / 너무 많은 것들이 변해 버렸어.

그때 따라 부르던 노래는 사랑노래였는데 / 난 가사를 전부 기억하고 있어 / 세월을 녹아내리듯 흘러가는 그 오래된 멜로디를 아직도 난 좋아해.

내 모든 기억들이 다시 뚜렷이 돌아와 / 예전처럼 날 울 것만 같게 하고 있어 / 그 옛 시절로 다시 한번 돌아갈 수만 있다면.

_〈Yesterday Once More〉, 카펜터스 노래

나를 안고 있지만 너도 힘겨워했지

<생각이나> 부활

항상 난 생각이나 너에게 기대었던 게 / 너는 아무 말 없이 나를 안고 있었고 / 그땐 난 몰랐지만 넌 홀로 힘겨워하던 / 그 모습이 자꾸 생각이나.

아주 오랜 후에야 내가 알 수 있었던 건 / 나를 안고 있지만 너도 힘겨워했지 / 항상 나에게 웃으며 넌 다가왔지만 / 나에게 항상 넌 기대고 싶었음을.

꿈속에선 보이나 봐 꿈이니까 만나나 봐 / 그리워서 너무 그리워 꿈속에만 있는가 봐 / 힘겨워했었던 날이 시간이 흘러간 후에 / 아름다운 너로 꿈속에선 보이나 봐.

아주 오랜 후에야 내가 알 수 있었던 건 / 나를 안고 있지만 너도 힘겨워했지 / 항상 나에게 웃으며 넌 다가왔지만 / 나에게 항상 넌 기대고 싶었단 걸 몰랐기에.

꿈속에선 보이나 봐 꿈이니까 만나나 봐 / 그리워서 너무 그리워 꿈속에만 있는가 봐 / 힘겨워했었던 날이 시간이 흘러간 후에 / 아름다운 너로 꿈

속에선 보이나 봐.

나에게 넌 그런가 봐 잊혀질 수가 없나 봐 / 사랑해서 사랑을 해서 그럴 수가 없나 봐 / 시간으로 시간으로 잊혀져가는 거지만 / 아름다운 너로 꿈속에선 보이나 봐.

_〈생각이나〉, 김태원 작사·작곡, 부활 노래

살다 보면 문득 생각나는 사람들이 있다. 오늘처럼 밤새 함박눈이 소복이 쌓인 아침이면 더 그럴 것이다. 기쁨과 슬픔, 외로움을 함께 공유한 사람들, 연인이란 이름으로 혹은 친구, 가족이란 이름으로 많은 시간을 함께 보냈던 사람들이다. 만날 수 있다면 당장 전화를 걸어 만나면 되겠지만 그럴 수 없는 상황이라면 이 노래처럼 꿈속에서밖에 만날 수 없을 것이다. 아름답고 즐거웠던 추억에 미소가 번지다가도 곧바로 그때 좀 더 잘해줬더라면 하는 후회가 밀려오기 일쑤다. 가슴 한복판으로 통증이 느껴진다. 2009년에 발표한 록 밴드 부활의 〈생각이나〉는 그런 아쉬움과 아픔을 담은 노래다.

〈생각이나〉는 내가 기대고 싶었던 그 사람도 사실은 힘들 때가 많았으며 나에게 기대고 싶었을 것이라는 깨달음으로 시작한다. "항상 난 생각이나 너에게 기대었던 게" 그때 너는 "아무 말 없이 나를 안고 있었지"만 오랜 후에야 내가 알 수 있었던 건 나를 안고 있던 너도 힘겨웠었다는 것이다. 항상 웃으며 다가왔고 나를 배려했지만 동시에 너 또한 나에게 기대고 싶었다는 것을 그때는 왜 몰랐을까 하는 자책이 가슴에 슬픔으로 남아 있는 것이다. 후회가 되지만, 돌이킬 수 없기 때문에 이젠 꿈속으로밖에 볼 수 없는 것이 안타까운 현실이다.

〈생각이나〉는 연인과의 가슴 아픈 이별을 토대로 가사가 만들어졌지만, 가족이나 친구 등으로 확장해 해석해도 전혀 이상하지 않다. 특히 죽음으로 사랑하는 사람과 이별을 한 사람들에게는 더 큰 위로가 되는 노래이기도 하다. 죽음으로 이별했기에 이젠 꿈속에서밖에 볼 수 없는 아픔을 지닌 사람들이 우리 사회에는 얼마나 많은가. 병으로 죽든, 사고로 죽든, 죽음의 원인이 무엇이든 간에 시간이 흘러간 후에는 누구라도 살아 있을 때 더 잘해주지 못했음을 후회하기 마련이다. 그리고 그 시절 아름다운 모습으로 영원히 기억하며 그리워할 것이기 때문이다. 김태원은 그것을 "아름다운 너로 꿈속에선 보이나 봐"라고 표현했다. 죽음으로 이별한 사람에게 그 사랑하는 사람은 수십 년이 흘러도 영원히 '아름다운 너'인 것이다.

필자에게 〈생각이나〉 노래가 더 특별하게 다가온 것은 지난 2010년 12월 KBS '남자의 자격' 송년회 편에서 배우 이광기가 흘린 뜨거운 눈물 때문이다. 일곱 살 된 아들 석규 군을 그해 2월 신종플루로 갑작스럽게 떠나보낸 아픔이 화면을 통해 그대로 전해졌기 때문이다. 이날 방송은 노래자랑 식으로 시끌벅적하게 진행됐는데 막판에 부활 보컬 정동하가 나와 〈생각이나〉를 부르자 숙연해지기 시작했다.

정동하는 이날 "부활의 멤버가 된 지 5년인데 4년이 암흑기였다"라며 '남자의 자격- 자전거 여행' 편에서 이 노래가 삽입돼

나오면서 부활도 상승세를 탔고 자신도 무명에서 벗어났다고 고백했다. 자신에게도 의미 있는 노래였던 셈이다. 매력적인 중저음을 가진 정동하가 〈생각이나〉를 부르자 영상에는 '자전거 여행' 편의 시골길 라이딩 장면이 나왔고 마약 복용으로 도중하차한 배우 김성민의 목소리도 흘러나왔다.

남자의 자격 멤버들은 저마다 여러 가지 감상에 쌓였는데 그중 개그맨 이윤석은 함께했던 김성민이 더 간절히 생각났던지 맨 먼저 눈시울을 붉히고 나가 버렸다. 옆에 있던 이광기도 감정을 억제하려는 표정이 역력했다. 턱을 괴고 두 손을 모으고 슬픔에 무심한 듯 손뼉을 치기도 했지만, 정동하가 "꿈속에선 보이나 봐, 꿈이니까 만나나 봐~"라는 후렴구를 부르자 모자를 내리고 결국 눈물을 터뜨리고 말았다. 아들 생각이 났던 것이다.

자식을 먼저 보낸 부모의 오열이었다. 세상의 모든 이별이 힘들지만 그중 가장 아픈 이별은 어린 자식과의 이별일 것이다. 모든 부모가 상상조차 하기 싫은 것, 그런 아픔이 우리 사회에는 종종 일어난다는 사실이다. 엄청난 시련 뒤 이광기가 더 돋보였던 것은 슬픔을 사랑으로 승화시켰다는 것이다. 산행 도중 낙마 사고로 16세 딸아이를 잃은 미국의 베스트셀러 작가 M. W. 히크먼은 『상실과 치유』라는 책에서 슬픔을 치유하는 것은 다른 사람에게 사랑을 전하는 것이라고 말하고 있다. 이 책은 9·11 테러 이후 수많은 사람의 마음을 다독이며 위로해준 것으로 유명하다.

“많은 이의 사랑을 받는 동화 ‘샬롯의 거미줄’을 보면 슬픔을 치유하는 비밀 하나가 나온다. 떠난 사람에 대한 사랑을 뒤에 오는 다른 사람에게 전하는 것이다.… 세상에는 관심과 보살핌, 사랑이 필요한 사람들로 가득하다는 걸 우리는 너무 잘 알고 있지 않은가. 우리가 떠난 사람과 감사하게도 아주 좋은 관계를 맺고 있었고 이제 죽음으로 헤어졌다면 우리의 사랑을 다른 이에게 전하는 것은 그 관계가 남긴 멋지고 가치 있는 유산이다.”

_『상실과 치유』, M.W. 히크먼

히크먼은 사랑이 필요한 사람에게 두 팔을 벌리는 행위가 떠나간 사람을 그만 사랑하라는 것은 결코 아니며 도리어 우리 자신도 치유되고 다른 사람의 삶도 풍요로워지는 또 다른 축복으로 다가올 것이라고 조언한다. 슬픔도 마찬가지다. 히크먼은 “슬픔에서 벗어나면, 그처럼 그리운 사람과 연결된 끈이 사라질지도 모른다는 두려움이 우리의 무의식 속에 존재한다.”라면서 그렇지만 아이가 혼자서 걷게 되면 손을 놓아주어야 하는 것처럼 때가 되면 슬픔도 놓아주어야 새로운 관계가 형성된다고 덧붙인다. 이광기도 그 길로 갔다.

이광기는 아들을 잃은 직후 지진으로 30만 명이 넘게 숨진 아이티를 방문해 모든 것이 무너진 절망 속에서도 형제들과 꿋꿋하게 살아가는 ‘세손’이라는 소년을 만났고 그 아이를 통해 살아갈 힘을 얻었다고 고백했다. 이광기는 아들의 사망 보험금 전액을 아이티 재건 복구 기금으로 기부했고 아이티 돕기 자선경매로 1억 원을 추가 모금하기도 했다. 미국 소설가이자 극작가인 손턴 와일더도 "죽은 이에게 바치는 최고의 선물은 슬픔이 아니고 감사"라고 밝혔다. 물론 쉬운 일은 아니지만, 사랑했던 사람과 함께 나누었던 삶을 감사하고 그가 여전히 축복해줄 미래를 기뻐하는 자세가 필요하다는 것이다. 그것이 치유의 과정이라는 것이다.

김태원은 〈생각이나〉와 거의 유사한 노래를 7년 전에도 발표했는데 〈네버엔딩 스토리〉(2002년 발표)가 그것이다. 같은 노래 다른 버전이 아닐까 생각할 정도로 유사하다. 일란성쌍둥이 같은 노래라고 할까. "그리워하면 언젠가 만나게 되는 / 어느 영화와 같은 일들이 이뤄지기를"(네버엔딩 스토리)은 '그리워서 너무 그리워 꿈속에만 있는가 봐'(생각이나)와 같은 의미이며 "힘겨워한 날에 너를 지킬 수 없었던 / 아름다운 시절 속에 머문 그대여"(네버엔딩 스토리)는 '힘겨워했었던 날이 시간이 흘러간 후에 / 아름다운 너로 꿈속에선 보이나 봐'(생각이나)와 같은 뜻이다. 두 노래 다 멜로디는 서정적이고 가사는 시처럼 아름답다.

손 닿을 수 없는 저기 어딘가 / 오늘도 넌 숨 쉬고 있지만 / 너와 머물던 작은 의자 위엔 / 같은 모습의 바람이 지나네.

너는 떠나며 마치 날 떠나가듯이 / 멀리 손을 흔들며 / 언젠가 추억에 남겨져 갈 거라고.

그리워하면 언젠가 만나게 되는 / 어느 영화와 같은 일들이 이뤄져 가기를 / 힘겨워한 날에 너를 지킬 수 없었던 / 아름다운 시절 속에 머문 그대이기에.

너는 떠나며 마치 날 떠나가듯이 / 멀리 손을 흔들며 / 언젠가 추억에 남겨져 갈 거라고.

그리워하면 언젠가 만나게 되는 / 어느 영화와 같은 일들이 이뤄져 가기를 / 힘겨워한 날에 너를 지킬 수 없었던 / 아름다운 시절 속에 머문 그대여.

그리워하면 언젠가 만나게 되는 / 어느 영화와 같은 일들이 이뤄져 가기를 / 힘겨워한 날에 너를 지킬 수 없었던 / 아름다운 시절 속에 머문 그대여.

그리워하면 언젠가 만나게 되는 / 어느 영화와 같은 일들이 이뤄져 가기를 / 힘겨워한 날에 너를 지킬 수 없었던 / 아름다운 시절 속에 머문 그대이기에.

_〈Never Ending Story〉, 김태원 작사·작곡, 부활 노래

〈네버엔딩 스토리〉는 특히 지난 2015년 세월호 참사 1주기 추모 뮤직비디오로 리메이크 제작돼 많은 이들을 위로하기도 했다. 세월호 침몰 사건은 2014년 4월 16일 제주도로 수학여행을 떠났던 단원고 학생 250여 명을 포함, 승객 304명이 사망·실종한 대형 참사였다. 당시 이 뮤직비디오 제작을 주도했던 오지숙 '리멤버 0416' 대표는 "평소 좋아하던 부활의 원곡을 듣다 '힘겨워한 날에 너를 지킬 수 없었던' 등의 노랫말이 마치 세월호 유족들의 이야기처럼 다가와 기획하게 됐다"라고 밝힌 바 있다.

실제로 노래 첫 구절의 '손 닿을 수 없는 저기 어딘가 / 오늘도 넌 숨 쉬고 있지만'은 아이들이 떠나간 팽목항 앞바다를 연상시키며 '너와 머물던 작은 의자 위엔 / 같은 모습의 바람이 지나네.'는 학교 운동장이나 교실을 떠올리게 한다. 특히 김태원이 작사가로서 뛰어난 것은 '같은 모습의 바람'과 같은 표현이

다. 너의 부재를 이보다 더 담담하고 절절하게 표현할 수 있을까. 쉽고 금방 연상되는 표현을 적절하게 구사한다는 것은 쉬운 일이 아니다. 억지스럽지 않고 참신한 비유, 자연스러움이 김태원의 가장 큰 장점이다. 아픔과 고통을 깊이 이해할 수 있는 사람만이 쓸 수 있는 가사다.

유가족과 시민 등 54명이 참여한 뮤직비디오는 등굣길과 텅 빈 학교 운동장 모습을 배경으로 돌 사진, 초등학교 생일 사진, 나들이 사진, 젊은 시절 가족사진 등 아이들과 즐겁고 행복했던 시절 사진 1천여 장으로 꾸며졌다. 자식을, 형제·자매를 먼저 보낸 남은 가족들의 고통과 아픔은 훗날 몇 권의 책으로 묶어져 나왔다. 실종자 가족으로 남는 것보다 시신이라도 나와서 감사했다는 슬픈 이야기부터 너무나 행복했던 엄마와 착한 아들의 더 슬픈 대화까지. 4·16 세월호 참사 작가기록단이 엮어 2016년 발간한 『금요일엔 돌아오렴』 내용이다.

"다른 실종자 가족들한테 우리 아들이 나와서 간다고 하는데 미안한 거예요. 우리 아들이 이렇게 나와 준 것에 대해서 감사하기도 하고 그러다 내가 미쳤나 싶은 생각이 들어요. 아들이 이렇게 나온 것이 감사할 일인가요. 실은 거기(팽목항)서 우리가 마지막이 될까 너무 힘들었어요. 나만 남으면 어떡하지. 죽었어도 좋으니 못 찾는 것보다는 찾아서 몸뚱이라도 찾아 만났으면 좋겠다. 이 생각밖에 없었어요."

_2학년 4반 김건우 학생의 어머니 노선자 씨 이야기

팽목항의 노란 리본과 주인 잃은 신발이 진도 앞바다를 보고 있다.
출처=부산일보

"우리 아들은 자기 존재에 관해서 자주 물었어요. '엄마는 날 어떻게 생각해? 내가 없었으면 어땠을 거 같아?' 그러면 내가 '우리 아들은 공기야, 엄마가 숨을 쉴 수 있는 공기. 아들이 없으면 나는 못 살 거 같아' 그랬어요. 애 아빠가 욱하는 성질이 있어서 내가 '네 아빠랑 안 만났어야 했어.' 하면 호성이가 '그럼 내가 어떻게 태어나?'하고 나는 또 '넌 그래도 내 아들로 태어났을 거야'라고 하고 자기가 아플 때 엄마도 감기 기운이 있으면 그래요. '엄마하고 나하고는 연결되어 있잖아, 그래서 아픈 거야'"

_2학년 6반 신호성 학생 어머니 정부자 씨 이야기

단원고 희생 교사 전수영의 어머니 최숙란 씨가 매일 일기처럼 쓴 글을 모은 『4월이구나 수영아』도 남은 부모의 아픔이 얼마나 처절한지 깨닫게 해준다. 학생을 먼저 살리려고 가장 뒤에 남았고 구명조끼조차 양보했던 전 교사는 학부모들 사이에 "마지막까지 학생들을 생각한 최고의 선생님"으로 알려져 있다. 그러나 엄마는 봄이 되면 아프다.

"내가 제일 좋아하는 계절은 꽃피는 봄이었다. 날이 따뜻해지면 곳곳에서 꽃이 피어나 회색 거리가 화려하게 변하는 모습을 보면 너무 기분이 좋았다. 그러나 수영이가 떠나고 난 후 그렇게 좋아하던 봄은 잔인한 계절로 바뀌어 버렸다. 봄은 화려함을 한껏 뽐내며 나를 놀려댔다. 길가에 피어난 꽃을 보면 희생된 목숨들이 떠올라 마음이 저렸다. 주변에 붉게 핀 철쭉은 처참하게 사라져 간 어린 영혼들 같았고 바람에 흩날리는 벚꽃송이는 딸이 그토록 아꼈던 제자들 같았다."

_『4월이구나 수영아』, 최숙란

엄마에게 딸을 잃은 고통은 '몸속의 장기가 뜯기는 것만 같은 괴로움'이며 몸과 정신이 몽땅 부서지는 느낌이다. 그 고통을 이기려고 꿈속에서 딸을 만나면 너무 반가웠고 집안에서 딸의 흔적을 보면 너무 소중했다. 엄마는 딸이 쓰다 남긴 화장품을 보고 시를 썼다.

"가늘고 긴 손가락 / 팔다리를 주물러 주던 / 예쁜 딸의 손을 잡아 보고

싶다 / 이제 어디서 그 손을 잡아 보나 / 동생 손을 대신 잡아 본다 / 딸이 쓰던 화장품 / 그 속에 딸의 손자국이 남아 있었다 / 내 손을 가져다 만져 본다 / 그리고 딸의 손을 느껴 본다 / 자국이 넓어졌다 / 다음에는 만지지도 못하고 / 뚜껑 열고 / 보기만 한다.”

〈생각이나〉와 〈네버엔딩 스토리〉와는 다르게 죽음을 직접 언급하며 어린 영혼을 위로한 노래도 있다. ‘지상에서 가장 슬픈 노래’라는 수식어가 따라붙는 정태춘의 〈우리들의 죽음〉(1990년 발표)이라는 노래가 그것이다.

1990년 3월 9일 서울 마포구 망원동 지하 셋방에서 불이 나 다섯 살, 세 살 된 남매가 숨진 실제 사건을 소재로 만든 이 노래는 ‘정태춘의 사건 내레이션- 정태춘 노래- 아이들 내레이션’으로 이루어져 있다. 가난에 못 이겨 시골에서 올라온 아이들의 부모는 경비원과 파출부로 새벽부터 일하러 나갔고 돌볼 사람이 없던 아이들은 방에서 저녁까지 둘이서 놀아야 했다. 성냥불 장난으로 불이 났지만, 방문과 현관문을 밖에서 잠가 놓았기에 아이들은 빠져나오지 못했다. 뒤늦게 달려온 엄마는 “부엌에는 부엌칼과 연탄불이 있어 위험하고 밖으로 나가면 길을 잃거나 유괴라도 당할 것 같아 방문을 채울 수밖에 없었다”라며 눈물을 쏟았다. 다섯 살 혜영이는 방바닥에 엎드린 채, 세 살 영철이는 옷더미에 코를 박은 채 숨져 있었다. 합창단의 허밍 속에 정태춘의 담담한 사건 내레이션과 낮고 투박한 정태춘의 노래가 슬픔을 고조시켰고 마지막 아이들의 내레이션에 결국, 사람들 대부분이 눈물을 쏟았던 노래였다.

"(사건 내레이션 생략) 젊은 아버지는 새벽에 일 나가고 / 어머니도 돈 벌러 파출부 나가고 / 지하실 단칸방에 어린 우리 둘이서 / 아침 햇살 드는 높은 창문 아래 앉아 / 방문은 밖으로 자물쇠 잠겨 있고 윗목에는 싸늘한 밥상과 요강이 / 엄마 아빠가 돌아올 밤까지 우린 심심해도 할 게 없었네 / 낮엔 테레비도 안 하고 우린 켤 줄도 몰라 / 밤에 보는 테레비도 남의 나라 세상 / 엄마 아빠는 한 번도 안 나와 우리 집도 우리 동네도 안 나와 / 조그만 창문의 햇볕도 스러지고 우린 종일 누워 천장만 바라보다 / 잠이 들다 깨다 꿈인지도 모르게 또 성냥불 장난을 했었어.

배가 고프기도 전에 밥은 다 먹어치우고 / 오줌이 안 마려운데도 요강으로 / 우린 그런 것밖엔 또 할 게 없었네 / 동생은 아직 말을 잘못하니까 / 후미진 계단엔 누구 하나 찾아오지 않고 도둑이라도 강도라도 말야 / 옆방에는 누가 사는지도 몰라 / 어쩌면 거긴 낭떠러지인지도 몰라.

성냥불은 그만 내 옷에 옮겨붙고 / 내 눈썹, 내 머리카락도 태우고 / 여기 저기 옮겨붙고 훨훨 타올라 우리 놀란 가슴 두 눈에도 훨훨. (중략)"

_〈우리들의 죽음〉, 정태춘

정태춘의 목소리는 비장하다. 마지막 내레이션에는 아이들의 마음을 담았다. 자신들의 죽음을 너무 슬퍼하지 말라고 한다. 엄마 아빠를 되레 위로한다. 가난이 잘못이지 엄마 아빠의 잘못이 아니라고 말한다. 당시엔 88년 서울올림픽과 200만 호 아파트 건설로 신도시 건설 열풍이 일어났고 그 여파로 전셋값 상승

률이 1989년 29.6%, 1990년 23.7%로 급등하는 등 집 없는 서민들의 삶이 풍비박산 나던 시절이었다.

정태춘의 〈우리들의 죽음〉이 발표된 이후에도 비슷한 사건은 반복됐다. 2005년엔 서울 서초구 원지동 개나리마을 비닐하우스 셋집에서 밤늦게 불이 나 6세, 4세 형제가 숨졌다. 이혼한 엄마는 제빵공장에서 밤샘 작업 중이었다. 2012년엔 경기도 파주시 가정집에서 불이나 뇌병변 장애 1급인 11세 동생과 13세 누나가 질식해 숨졌다. 남매는 야근 중인 아빠와 사글셋방을 구하러 나간 엄마를 기다리다가 변을 당했다.

2017년 추석 땐 구로구 개봉동 다가구주택 1층에서 불이 나 혼자 있던 7세 남자아이가 숨졌다. 베트남 출신 엄마는 일하러 나갔고 택배 일하는 아빠는 잠시 외출한 사이 벌어진 일이었다. 충격적인 사건이 벌어지면 우리 사회는 잠시 경각심을 갖고 대책 마련에 부산을 떨지만, 시간이 지나면 곧 잊히고 비극은 반복된다. 아이들의 죽음은 어떤 이유로든 어른들의 잘못이고 사회의 책임이다. 아프리카 속담에 한 아이를 키우기 위해서는 온 마을이 필요하다고 했다. 유치원과 학교, 산과 강 그리고 주변 이웃까지 모두가 합심해야 한다는 것이다. 아이들을 어떻게 보호해야 할지 우리 사회가 끊임없이 고민해야 할 것이다.

별이 된 아이들을 잊지 않고 남겨진 부모들을 위로하는 데는 음악이 큰 도움이 된다. 〈생각이나〉처럼 마음을 담은 노래를 들으면 눈물이 난다. 미국의 정신의학자 칼 매닝거는 "울음은 가장 인간적이고 가장 보편적인 위안의 수단"이라고 말했다. 눈물이 치유의 시작이라는 것이다. 이루마의 〈Indigo〉도 그런 곡이다. '인디고'는 밤하늘처럼 짙고 푸른 남색을 의미하는데 홍콩 배우 장국영의 사망 소식을 듣고 작곡한 음악으로 알려져 있다. 푸른 밤하늘을 보면 한없이 슬프다가도 어느 순간 희망을 품게 되는데 그때 그 감정을 담았다. 자식을 먼저 보낸 부모들에게 위로가 됐으면 한다.

달콤함 속에 슬픔이 묻어 있다

<사랑의 찬가> 에디트 피아프

푸른 하늘이 우리들 위로 무너진다 해도 / 모든 대지가 허물어진다 해도 / 만약 당신이 나를 사랑해 주신다면 / 그런 것은 아무래도 좋아요.

사랑이 매일 아침 내 마음에 넘쳐흐르고 / 내 몸이 당신의 손 아래서 떨고 있는 한 / 세상 모든 것은 아무래도 좋아요 / 당신의 사랑이 있는 한 / 내게는 대단한 일도 아니고, 아무것도 아니에요.

만약 당신이 나를 원하신다면 / 세상 끝까지라도 가겠어요 / 금발로 머리를 물들이기라도 하겠어요 / 만약 당신이 그렇게 원하신다면 / 하늘의 달을 따러, 보물을 훔치러 가겠어요.

만약 당신이 원하신다면 / 조국도 버리고 친구도 버리겠어요 / 만약 당신이 나를 사랑해 준다면 / 사람들이 아무리 비웃는다 해도 / 나는 무엇이건 해 내겠어요.

만약 어느 날 갑자기 / 나와 당신의 인생이 갈라진다고 해도 / 만약 당신이 죽어서 먼 곳에 가버린다고 해도 / 당신이 나를 사랑한다면 내겐 아무 일도 아니에요 / 나 또한 당신과 함께 죽는 것이니까요.

그리고 우리는 끝없는 푸르름 속에서 / 두 사람을 위한 영원함을 가지는 거예요 / 이제 아무 문제도 없는 하늘 속에서 / 우린 서로 사랑하고 있으니까요.

_〈사랑의 찬가·Hymne A L'amour〉, 에디트 피아프 작사, 마거리트 모노 작곡. 에디트 피아프 노래

Le ciel bleu sur nous peut s'effondrer / Et la terre peut bien s'écrouler / Peu m'importe si tu m'aimes / Je me fous du monde entier.

Tant qu'l'amour inond'ra mes matins / Tant que mon corps frémira sous tes mains / Peu m'importe les problèmes / Mon amour puisque tu m'aimes.

J'irais jusqu'au bout du monde / Je me ferais teindre en blonde / Si tu me le demandais / J'irais décrocher la lune / J'irais voler la fortune / Si tu me le demandais.

Je renierais ma patrie / Je renierais mes amis / Si tu me le demandais / On peut bien rire de moi / Je ferais n'importe quoi / Si tu me le demandais.

Si un jour la vie t'arrache à moi / Si tu meurs que tu sois loin de moi / Peu m'importe si tu m'aimes / Car moi je mourrais aussi / Nous aurons pour nous l'éternité.

〈아니요 후회하지 않아요〉를 부르던 시절의 에디트 피아프.

Dans le bleu de toute l'immensité / Dans le ciel plus de problèmes / Mon amour crois-tu qu'on s'aime / Dieu réunit ceux qui s'aiment'.

_〈Hymne A L'amour〉

시대를 뛰어넘는 노래라는 것은 어떤 의미일까. 과거에도 현재에도, 그리고 미래에도 통한다는 것이리라. 사람의 마음을 변함없이 흔든다는 것이다. 세월은 흘렀지만 낡지 않았고 지겹지 않다는 것이다. 어제도 그랬지만 오늘도 울림이 있고 새롭다는 의미다. 70년 전에 나온 노래인데도 여전히 세련됨이 느껴지는 노래, 수많은 가수가 다시 불렀지만, 원곡을 뛰어넘을 수 없다는 평가를 들었고 들을 때마다 전율을 일으키는 노래, 그런 노래가 있을까. '불멸의 목소리' '샹송의 여왕' 에디트 피아프(1915~1963)의 노래가 그렇다. 그녀의 평생 후원자였던 프랑스 국민시인 장 콕토는 말했다.

"그녀는 누구도 흉내 낼 수 없는 여가수다. 피아프 이전에 피아프는 없었고 피아프 이후에도 피아프는 없을 것이다."

_장 콕토

142센티미터의 작은 체구에서 뿜어져 나오는 절규하는 목소리, 그 속에 묻어 있는 깊은 슬픔과 애잔함. 어떤 이는 '사랑을 갈구하며 어미 새를 찾는 아기 새의 울음소리 같다'라고 표현한다. 평생 사랑을 노래했지만 정작 그 모든 사랑은 비극으로 끝나 버렸다. 그렇지만 그녀는 죽음을 앞두고 후회하지 않는다고 노래했다. 그녀는 늘 외로웠고 사랑에 목말라했다. 사랑의 아름다움과 행복을 노래했지만, 역설적으로 그녀의 목소리에는 비장함과 애수가 묻어 있었다.

"표면적으로 그녀의 음악 대부분은 넘치는 사랑과 부푼 희망을 이야기한다. 하지만 그것은 주어진 축복이 아니라 온갖 지독한 인생을 뚫고 나와 결국 얻어낸 치열한 가치였음을 알아주길 바라는 것처럼 그녀는 극적으로 노래한다. 모든 것이 극단적이었기 때문이다. 희망과 절망, 천국과 지옥, 화려함과 고단함, 풍요와 가난, 사랑과 배신, 삶과 죽음이 주는 드라마틱한 낙차는 끊임없이 회자되는 모든 예술의 본질이다. 그 거짓 없는 드라마가 에디트 피아프의 일생이었다."

_이민희 팝 칼럼니스트

에디트 피아프에게 사랑은 항상 아픔으로 끝났다. '사랑의 찬가'라는 제목이 붙어 있지만, 그것은 돌이킬 수 없는 사랑의 상실을 노래한 애절한 곡이다. 예술에서의 사랑이 대부분 이별의 고통과 상처를 드러내는 것이라지만 그녀에게는 그 외로움과 슬픔의 무게가 더 했던 것 같다. 그녀의 성장 과정이 그렇게 만들었다. 그녀는 사랑에 대한 병적일 정도의 집착, 그리고 헤어짐에 대한 두려움을 안고 살아간 여자였다.

태어날 때부터 부모에게 버림받았던 트라우마가 평생 그녀를 괴롭혔던 것이다. 그렇지만 에디트 피아프는 아픔을 아픔으로만 노래하지 않았고 사랑을 사랑으로만 노래하지 않았다. 처절한 이별의 고통도 사랑으로 승화시켰으며 달콤한 사랑도 결국 한때라는 인생의 진실을 담담히 노래했다. 슬픔과 기쁨이 동전의 양면이라는 통찰이 노래에 배어 있었다. 에디트 피아프의 노래가 시대를 넘어 사람들에게 사랑받는 이유다.

에디트 피아프는 1915년 파리의 빈민가에서 떠돌이 곡예사인 아버지와 거리의 가수인 어머니 사이에서 태어났다. 생후 2개월 만에 어머니에게 버림받고 알코올 중독자인 외할머니와 매춘업을 하는 친할머니에게 돌아가며 맡겨졌다. 영양실조로 142센티미터에서 성장은 멈췄다. 14세 때 아버지가 찾아와 자신의 곡마단에 참가시켜 잡일을 시켰다. 아버지와 불화했던 그녀는 15세 때 독립하여 어머니처럼 거리에서 노래를 부르며 생계를 이어갔다. 16세 때 만난 남자와의 사이에서 태어난 아기는 두 돌도 못 돼 뇌수막염으로 하늘로 떠났다.

그녀의 어머니처럼 에디트 피아프도 아기를 잘 양육할 준비가 되지 않았던 것이다. 그러다 20세 때인 1935년, 샹젤리제 거리 클럽 사장의 눈에 띄어 고정적으로 노래 부를 수 있는 무대가 생겼다. 남다른 노래 실력에 사람들은 열광했다. 클럽 사장은 참새라는 뜻의 '피아프'라는 예명도 지어줬다. 작고 가녀린 몸매를 돋보이게 하기 위해 검은색 드레스를 입은 것도 그때부터였다. 화려한 영광과 대조되는 검은 의상은 에디트 피아프의 평생 트레이드마크가 된다. 파리에서 가장 유명한 공연장인 물랭루주에 진출한 그녀는 수많은 남자를 만났으며 수많은 예술가와 교류했다.

〈사랑의 찬가〉(1950년)는 에디트 피아프가 훗날 유일하게 사랑했다고 고백했던 연인, 미들급 복싱 세계챔피언 마르셀 세르당의 죽음을 애도하며 만든 노래였다. 2차 대전이 끝난 뒤 미국에 머물며 순회공연을 하던 에디트 피아프는 역시 경기를 위해 뉴욕을 방문한 마르셀 세르당을 만나 뜨거운 사랑을 나누었다. 마르셀 세르당은 북아프리카계 프랑스인으로 신사적인 매너와 탄탄한 외모로 당시 최고 인기 복서였다.

그러나 1949년 에디프 피아프의 '하루빨리 보고 싶다'라는 재촉에 뉴욕행 배편을 취소하고 비행기로 갈아타고 오던 중 비행기 추락사고로 사망하고 말았다. 피아프는 자신 때문에 세르당이 죽었다는 죄책감에 시달리며 무력한 나날을 보내다 노랫말을 하나 직접 썼는데 그것이 〈사랑의 찬가〉다. 절망과 좌절 속에서도 에디트 피아프는 세르당과의 좋았던 시절을 회상하며 희망을, 영원한 사랑을 노래하고 있다. 하늘이 무너지고 땅이 허물어져도 당신의 사랑만 있다면 아무 상관이 없다고, 친구도 조국도 버릴 수 있다고 노래한다. 죽음이 갈라놓는다고 해도 끝없는 푸르름 속에 영원할 것이라고 스스로 다짐한다.

"상처 입은 영혼으로 태어나 몸조차 하늘로부터 버림받았다. 그러나 목

소리 하나만은 허락받아 그 소리로 세계대전 이후 어둠과 실의에 잠겨있던 프랑스 사람에게 기쁨을 주었다. 그녀는 세상 사람들의 가슴 깊이 묻혀 있던 슬픔과 상처를 검은 상복을 입고 대신 노래하고 울어주었던 여인이었고 평탄치 않았던 생애의 힘겨움을 노래로 풀었던 사람이며 진정 사랑했던 사람을 잃고 방황하던 여자였고 자기를 기다리는 팬들을 위해 무대에서 쓰러진 요정이었다. 그녀의 삶은 한마디로 불꽃같은 삶이었다."

_이철환 뉴스핌 객원 편집위원

당시 프랑스는 독일의 폴란드 침공으로 시작된 2차 세계대전이 발발한 지 1년도 안 된 1940년 6월, 수도 파리가 함락당하는 치욕을 겪었다. 국토 대부분은 독일군이 점령했고 남부 일부만 나치 독일의 꼭두각시 정부인 비시 정부가 관할하는 등 국민의 자존감은 땅에 떨어진 상태였다. 비시 정부는 항독운동하는 레지스탕스를 더 탄압하는 등 악명이 높았다. 그런 암울한 시절, 프랑스인의 자랑은 대중음악인 샹송이었다. 에디트 피아프의 노래가 영미 팝을 제치고 세계를 석권했던 것이다. 세계인들은 피아프의 샹송을 들으며 함께 울고 웃으며 열광했다. 에디트 피아프가 프랑스 국민의 상실감과 절망을 노래로 어루만져 줬던 것이다.

에디트 피아프의 노래를 듣다 보면 꼭 생각나는 사람이 있다. 비슷한 시기에 활동했던 우리나라 가수 이난영(1916~1965)이다. 뭔지 모르게 분위기가 비슷하다. 예스럽지만 세련됐고 추억을 불러일으킨다. 이난영은 피아프보다 1년 늦게 태어나서 2년 더 살았다. 피아프가 샹송의 여왕이듯이 이난영은 트로트의 원조 여왕이었다. 삶의 기구함은 에디트 피아프에 비교할 바가 아니지만, 이난영도 순탄한 삶은 아니었다. 둘 다 어렸을 때 어머니에게 버림을 받았고 평생 사랑 때문에 아파했으며 약물 중독이 원인이 되어 이른 나이에 세상을 떠났다.

두 사람은 결정적으로 목소리의 떨림이 닮았다. 그 떨림이 목소리를 구슬프게 만든다. 둘 다 애수가 깃든 목소리다. 피아프가 샹송의 원조 같은 목소리라면 이난영은 트로트의 원조 같은 목소리를 갖고 있다. 피아프의 〈장밋빛 인생〉과 이난영의 〈목포의 눈물〉(1935년)을 들어 보면 곡의 처음부터 끝까지 특유의 떨림으로 노래하고 있다. 그게 노래의 정서를 깊게 하고 있다.

이난영도 그렇지만 에디트 피아프도 노래의 바탕에는 슬픔의 정조가 배어 있다. 삶의 고단함과 아픔이 목소리에 담겨 있기 때문일 것이다. 에디트 피아프의 일대기를 그린 영화 〈라비앙 로즈〉(2007년 개봉)를 보면 죽기 직전 평생 한이 되어 가슴 저 밑에 묻어 놨던 고통스러운 기억에 몸부림치는 장면이 나온다. 아버지와의 불화와 오래전에 하늘로 간 유일한 혈육 마르셀에 대한 그리움이 그것이다. 그동안 애써 기억하려고 하지 않았던 것이다. 자신을 위해 인형을 사 주고 즐거워하던 아버지를 회상하며 이젠 기도를 한다.

천사 같던 아이 마르셀을 잘 돌보지 못한 그 시절을 되돌아보며 온몸을 떤다. 어머니에게 버림받았던 그녀가 똑같이 자신의 아이를 방치해 죽음으로 몰아갔던 회한이 몰려왔을 것이다. 그런데 특별한 인연이 하나 있다. 에디트 피아프가 유일하게 사랑했다고 고백했던 복서의 이름도 마르셀이었다. 비행기 사고로 죽은 연인 마르셀을 생전에 그렇게 사랑했던 까닭이 자신의 아이 이름과 같아서 더 그랬던 것은 아니었을까. 둘 다 너무 사랑했지만 둘 다 자신의 잘못으로 죽었다고 그녀는 오랫동안 자책했었다. 이젠 내려놓는다.

그래서일까. 아름다운 가사와 달콤한 멜로디의 곡도 그녀가 부르면 어딘지 슬퍼진다. 에디트 피아프의 대표곡 중 하나인 〈파리의 하늘 아래·Sous Le Ciel De Paris〉(1951년)를 봐도 그렇다. "파리의 하늘 아래 음악이 흐르네 / 소년의 가슴속에도 오늘 노래 한 곡이 태어났네 / 파리 하늘 아래 연인들이 걸어가네 / 그들은 노래 위에 행복을 짓네…" 파리의 아름다운 풍경을 노래한 이 노래는 감미롭다. 그녀의 첫 번째 애인이었던 이브 몽탕 버전과 비교하면 '같은 노래 다른 느낌'의 노래라고 말할 수밖에 없다. 이브 몽탕은 평온하고 에디트 피아프는 애절하다.

〈사랑의 찬가〉와 더불어 에디트 피아프의 대표곡은 〈장밋빛 인생·La Vie En Rose(1946년)〉이다. 〈사랑의 찬가〉가 연인의 죽음이라는 비극을 담은 노래인 데 반해 〈장밋빛 인생〉은 이브 몽탕과의 가장 행복했던 순간을 담은 대표적인 사랑 노래다. 그녀가 직접 작사 작곡한 유일한 곡이다. 에디트 피아프는 1944

넌 카바레 물랭루주에서 한 무명의 가수를 만났는데 부두노동자 출신 이브 몽탕이었다.

피아프의 후광으로 이 잘생긴 남자는 1년 만에 가수 겸 영화배우로 대스타가 되었지만, 피아프와 사랑싸움이 잦아지더니 결국 상처만 남긴 채 헤어지고 만다. "내 눈을 떨구도록 만든 그의 눈빛 / 미소를 지은 입술 / 내 마음을 다 바친 남자의 얼굴 모습 / 그가 나를 품에 안고서 가만히 속삭일 때 / 나에게 그 순간은 장밋빛 인생이었습니다 / 그가 내게 사랑한다고 말할 때 언제나 뻔한 말이나 / 나는 감동할 수밖에 없었답니다…"

사랑에 빠지면 누구나 뻔한 거짓말에도 속는 것은 정한 이치다. 동시에 어릴 때부터 산전수전 다 겪은 에디트 피아프는 사랑의 덧없음도 알고 있었을 것이다. 모든 사랑은 지나간다는 것, 이 훤칠한 미남 가수도 언젠가는 자신을 떠날 것을 알기에 역설적으로 〈장밋빛 인생〉이라는 다소 과장된 달콤한 노래를 만들지 않았을까. 그녀가 부르는 〈장밋빛 인생〉은 달콤함 속에 슬픔이 묻어 있다. 누군가, 사랑한다는 것은 추억을 만들기 위해서라고 말했다. 사랑이 오면 지레 도망가는 사람도 있지만, 이별도 사랑도 인간의 기억 속에서는 영원히 존재하는 법이다. 지독하게 아팠던 사랑도 세월이 흐르면 아름다운 추억으로 바뀐다.

그것이 인생의 비밀이다. 아마도 사랑을 할 수 있었던 젊은 시절에 대한 그리움 때문일 것이다. 에디프 피아프는 아프다고 회피하지 않고 사랑이 찾아오면 운명적으로 받아들였다. 추억만이 살아갈 힘이 된다는 사실을 알았던 것이다. 〈장밋빛 인생〉

이라는 동명의 제목으로 소설을 쓴 작가 정미경도 추억만이 영원하다고 말한다.

"영원한 것은 사랑이 아니다. 사랑이란 그저 행복한 한순간일 뿐. 소멸되지 않는 것은 기억이다. 시간 속에서 바래지 않고 간절함 속에 후광마저 얻게 되는 것은 다만 기억이다. 그러므로 영원한 것은 사랑이 아니다. 추억만이 영원할 뿐."

_『장밋빛 인생』, 정미경

에디트 피아프도 마찬가지였다. 늘 외로웠던 그녀는 사랑이 없으면 하루도 살지 못했다. 시인 류시화가 "그대가 곁에 있어도 나는 그대가 그립다"고 한 것처럼 사랑이 옆에 있어도 그녀는 외로워했다. 그 외로움을 견디기 위해 또, 사랑을 하는 것이다. 마르셀 세르당의 사고사 이후 공허함을 떨치고자 서둘러 1952년 동료 가수와 정식 결혼을 했지만 4년 만에 파경 하고 술과 마약에 빠져들었다. 4번의 치명적인 교통사고는 모르핀 중독이라는 후유증을 낳았다. 몸은 만신창이가 돼 가고 걷는 것조차 힘들던 1960년 자신의 운명과 쏙 빼닮은 노래를 만난다. 한 소절만 듣고 그녀는 자신의 인생 노래라고, 감격해 했다.

아닙니다. 전혀 아닙니다 / 아닙니다. 후회하지 않아요 / 내게 좋았던 일도 나빴던 일도 / 내가 관심을 가진 모든 것들에 대해서도.

아닙니다. 전혀 아닙니다 / 아닙니다. 후회하지 않아요 / 대가를 치렀고 휩쓸려가 잊혀 버렸으며 / 나는 과거에 관심이 없어요.

내가 가진 추억으로 난 등불을 밝혀요 / 나의 슬픔도 나의 즐거움도 / 더 이상은 필요하지 않아요.

사랑도 쓸어버렸고 / 사랑의 떨림도 모조리 영원히 쓸어버렸어요 / 난 상처로부터 다시 시작할 겁니다.

아닙니다. 전혀 아닙니다 / 아닙니다. 후회하지 않아요 / 내게 좋았던 일도 나빴던 일도 / 내가 관심을 가진 모든 것들에 대해서도.

아닙니다. 전혀 아닙니다 / 아닙니다. 후회하지 않아요 / 왜냐하면 나의 삶, 나의 기쁨은 / 오늘 당신과 함께 시작될 테니까요.

_〈아니요 후회하지 않아요·Non, Je Ne Regrette Rien〉,
미셸 보케르 작사, 샤를 뒤몽 작곡, 에디트 피아프 노래

에디트 피아프는 자신의 삶을 후회하지 않는다고 노래했다. 간과 췌장은 이미 약물을 걸러낼 수 없을 만큼 망가져 있었지만, 그녀는 마지막 무대에 올랐다. 그리고 삶은 아름답다고 노래한다. 좋았던 일도, 나빴던 일도 모두 후회하지 않는다고 말한다. 아름다운 추억으로 마음에 담아 놓을 것이며 이 힘으로 새로운 등불을 밝힐 거라고 노래한다. 모든 잘못된 과거는 대가를 치렀다고 선언한다.

상처로부터 다시 시작할 거라고 절규한다. 오늘부터 내 인생과 행복은 당신과 함께 새롭게 열릴 것이라고 고백한다. 그녀는 후회하지 않는다. 죽음도 담담히 받아들일 것이기 때문이다. 그

리고 노래는 아름답게 부를 것이기 때문이다. 사랑을 찬양하고 인생은 장밋빛이라고 굳게 믿고 있기 때문이다.

에디트 피아프는 노래하는 광대였다. 사람들의 슬픔과 기쁨을 무대에 올라 대신 짊어지는 광대였다. 짙은 화장과 구부정한 어깨는 고단한 삶을 고스란히 보여준다. 사람들은 그녀의 아름다운 노래에 울고 웃었다. 죽음을 앞두고 진행된 인터뷰에서 그녀는 죽음보다 더 두려운 것은 외로움이라고 말했다. 살면서 가장 좋았던 때는 공연이 시작되기 전, 무대에 오르는 순간이라고 답변했다.

모든 여성에게 하고 싶은 말은 사랑하라는 말이었다. 사랑보다 더 가치 있는 일은 없다는 것. 어떠한 외로움과 고통, 절망도 사랑만 있다면 이겨낼 수 있다는 말이 지상에 남긴 마지막 메시지였다.

제2부

여름, 새처럼 날고 싶어

오늘보다 더 나은 세상을 꿈꾸다

<Imagine> 존 레논

천국이 없는 곳을 상상해 보세요 / 시도해 본다면 정말 쉬운 일이란 것을 알 수 있죠 / 우리에겐 지옥이 없고 / 우리 위엔 오직 하늘만이 존재하죠 / 모든 사람이 오늘을 위해 살아가는 모습을 상상해 보세요.

국가가 존재하지 않는 것을 상상해 보세요 / 그리 어려운 일이 아니랍니다 / 살인도 죽음도 없고 종교도 없는 곳을요 / 모든 사람들이 평화롭게 살아가는 것을 상상해 보세요.

당신은 나를 몽상가라고 말하겠죠 / 하지만 저만 그런 게 아니에요 / 언제가 당신도 우리와 함께하길 바라고 있어요 / 그리고 세계는 하나가 되겠죠.

소유란 게 없는 곳을 상상해 보세요 / 당신도 할 수 있어요 / 필요 이상의 탐욕도 굶주림도 없겠죠 / 모든 사람이 형제처럼 지낼 거예요 / 모든 사람이 나누며 사는 것을 상상해 보세요.

당신은 나를 몽상가라고 말하겠죠 / 하지만 저만 그런 게 아니에요 / 언젠가 당신도 우리와 함께하길 바라고 있어요 / 그리고 세계는 하나가 되겠죠.

_〈Imagine〉, 존 레논 작사·작곡·노래

Imagine there's no heaven / It's easy if you try / No hell below us / Above us only sky / Imagine all the people/ living for today.

Imagine there's no countries / It isn't hard to do / Nothing to kill or die for / No religion too/ Imagine all the people / living life in peace.

You may say I'm a dreamer / But I'm not the only one / I hope

뉴욕 센트럴파크 서쪽 존 레논 추모공원 내 석비. 그의 대표곡 〈Imagine〉 글자가 새겨져 있다. 출처=게티이미지뱅크

some day you'll join us / And the world will live as one.

Imagine no possessions / I wonder if you can / No need for greed or hunger / A brotherhood of man / Imagine all the people / Sharing all the world.

You may say I'm a dreamer / But I'm not the only one / I hope some day you'll join us / And the world will live as one.

_〈Imagine〉

2014년 2월 23일 새벽 러시아 소치, 피겨 스케이터 김연아가 올림픽 마지막 무대에 섰다. 푸른색 원피스를 입고 에이브릴 라빈의 〈이매진〉에 맞춰 갈라쇼를 한다. 전날 편파판정 논란으로 세계가 시끄러웠다. 당당히 동계올림픽 2연패를 하고 기쁨의 눈물을 흘리며 은퇴하는 김연아를 상상했지만 이젠 모든 것이 끝났다. 어떠한 변명도 하지 않고 판정은 심판의 몫이라는 김연아, 이제 그녀를 떠나보내야 하는 시간이다. 아쉽지만 홀가분한 표정이다.

지난 10여 년간 대한민국 국민들은 행복했다. 빙상 불모지에서 피어난 한 송이 들꽃, 독보적이었다. 라빈의 슬픈 목소리와 김연아의 애절한 몸짓은 닮아 있다. 반전과 평화를 호소하는 음악에 맞춰 브이 자를 그리기도, 검지 하나를 치켜들기도 한다. 평화가 강물처럼 넘치기를, 그러한 꿈이 승리하길 기원하는 것이다. 그리고 그 대열에 자신뿐만 아니라 당신도 함께하길 바란다는 표시다. 위대한 스케이터의 마지막 연기에 이보다 더 좋은 선곡은 없을 듯하다. 연기를 마친 뒤 김연아는 한동안 기도를 한다. 세상의 평화를 바라는 기도다. 많은 외신도 경의를 표한다. 피겨 여왕을 보내는 공식 행사가 끝난다.

이날 선곡한 〈이매진〉은 1971년 존 레논이 만든 노래다. '반전과 평화'의 메시지를 담았다. TV 중계 화면을 통해 가사가 자막으로 흐른다. 처음으로 가사가 마음으로 전달된다. 세계적인 팝가수 라빈의 목소리로 〈이매진〉을 들은 것도 처음이었다. 청초한 라빈의 목소리는 언뜻 김연아의 목소리가 아닐까 착각할 정도였다.

존 레논은 1940년 '노동자의 도시' 영국 리버풀서 태어나 1980년 12월 광적인 팬에게 암살당했다. 40년 짧은 생이었지만 그의 노래와 영향력은 아직도 진행형이다. 존 레논의 어린 시절은 불우했다. 4세 때 부모님이 이혼했고 이모 집에서 자랐다. 인근 스트로베리 필즈 고아원이 그의 놀이터였다. 반항적인 기질은 그때 형성됐을 것이다.

재혼한 어머니는 그에게 기타를 사 주며 음악을 하도록 지원했다. 그런 어머니가 교통사고로 갑작스럽게 그를 떠났다. 사춘기 존 레논에게는 엄청난 상실감이었을 것이다. 음악마저 없었다면 어떻게 됐을까. 그 시절 만든 스쿨밴드 '쿼리맨'이 그나마 위로가 됐다. 거기서 동료이자 영원한 라이벌인 폴 매카트니를 만났다. 나중에 조지 해리슨과 링고 스타가 합류한다. 1960년 밴드 이름을 비틀스로 바꾸고 본격 활동을 한다. 60년대 비틀스의 황금기가 시작된 것이다.

존 레논은 반전과 평화라는 키워드를 꾸준히 자신의 음악에다 담았다. 태어나고 자란 리버풀의 노동계급을 언제나 잊지 않았다. 베트남 전쟁에서 수많은 젊은이가 이유 없이 목숨을 잃는 것을 보고 당시 거세게 몰아치던 반전운동에도 적극적으로 동참하게 된다. 그는 모든 인류가 하나라는, 형제라는 꿈을 꾸었다. 〈이매진〉은 그러한 꿈을 담은 노래다. 두 번째 아내이자 동지였던 오노 요코는 "〈이매진〉은 존이 믿은 것, 즉 사람들이 하나의 국가, 하나의 세계, 하나의 인류라는 이상향에서 살아가는 모습을 그렸다."라고 말했다. 인종차별이 없고 종교적 갈등도 없는, 그로 인한 전쟁도 없는 세상을 꿈꾸었던 것이다. 그는 이것을 세상에 널리 퍼뜨리고 싶어 했다. 그에게는 노래라는 무기가 있었다.

〈이매진〉은 뉴욕 자택에서 오노 요코와 함께 흰색 그랜드 피아노를 치며 작곡한 것으로 알려져 있다. 당시 뮤직비디오를 보면 피아노를 치며 노래를 부르는 존 레논의 옆에 오노 요코가 거실의 모든 창문 커튼을 천천히 여는 장면이 나온다. 어둠 속으로 빛이 들어온다. 벽과 모든 장식은 온통 흰색이다. 마지막 존 레논이 오노 요코를 돌아보며 미소 짓는 모습이 인상적이다. 라이브 공연 때도 종종 오노 요코를 피아노 옆에 앉히고 〈이매진〉을 많이 불렀다. 노래 끝난 뒤 두 사람의 평화를 바라는 키스까지. 존 레논은 한 인터뷰에서 "세상에 아름다운 여자는 많지만, 예술적으로 딱 맞는 여자는 오노 요코"라고 말할 정도로 정서적 이념적 동질성을 많이 갖고 있다고 고백한 적이 있다.

뉴욕에는 존 레논의 추모공원이 있다. 암살당하고 5년 뒤인 1985년 만들어졌다. 맨해튼 센트럴파크 서쪽에 위치한 '스트로베리 필즈'가 그것이다. 어릴 때 뛰어놀던 리버풀 외곽 고아원 이름에서 따왔다. 1만 제곱미터 크기인데 세계에서 가장 아름다운 공원 중 하나로 알려져 있다. 추모 장소 중심부 바닥엔 둥근 모자이크 석비가 있다. 가운데 '이매진(Imagine)'이라는 글자가 새겨져 있다. 〈이매진〉은 평화를 꿈꾸었던 몽상가, 존 레논의 대표곡으로 선택받은 셈이다. 검은색과 흰색 대리석이 아름답게 어울린다. 존 레논의 생일인 10월 9일 완공됐다. 가을이 되면 전 세계에서 수많은 팬과 관광객들이 이곳을 찾는다. 암살당한 12월 8일까지 추모객의 발걸음은 멈추지 않는다. 공원 서쪽 입구 건너편 존 레논과 오노 요코가 거주했던 다코타 아파트로 연결돼 있다.

1980년대엔 DJ 이종환이 〈이매진〉을 많이 낭송했다. 당시 이종환은 팝송 가사를 의역해 자신이 진행했던 '별밤(별이 빛나는 밤에)'이나 '밤의 디스크쇼' 등에서 종종 들려주었는데 힘들게 하루를 살아온 사람들에게 큰 위로가 됐다. 프랑크 푸르셀의 〈안녕 귀여운 내 사랑(Adieu Jolie Candy)〉이라는 '밤의 디스크쇼' 시그널 음악은 1980년대 음악방송의 아이콘이 됐다. 가장 많이 낭송했던 팝송은 아마 〈The Saddest Thing(가장 슬픈 일)〉이었을 것이다.

"이 세상에서 가장 슬픈 일은 사랑하는 사람에게 이별을 고하는 일입니다. 나로서는 최선을 다해 왔던 사랑이었습니다. 하지만 당신은 너무 쉽게 이별을 말씀하십니다…"

_〈The Saddest Thing〉, 멜라니 샤프카

"인생은 그저 슬픈 한 장난일 수 있습니다. 오늘도 당신에게 또 전화를 하기 위해 수업을 마치고 부리나케 집으로 돌아왔습니다. 유유히 흐르는 밤의 적막 속에서 당신에게 전화를 합니다. 내가 할 수 있는 말은 고작 내게 돌아와 달라는 것뿐이었습니다…"

_〈Always Somewhere〉, 스콜피언스

"나 당신께 어떻게 말씀드려야 할까요. 나는 새로운 누군가를 사랑합니다. 당신은 항상 내게 친절했습니다. 당신의 눈을 볼 때면 나는 거짓말을 할 수가 없습니다. 당신 가슴에 상처를 주기 때문입니다…"

_〈I've Been Away Too Long〉, 조지 베이커 셀렉션

〈이매진〉도 이종환의 의역으로 밤에 들으면 더 친근하게 다가왔다.

"천국이 없다고 상상해 보시겠습니까? 그렇다면 지옥도 없을 테죠. 그저 푸른 하늘 아래서 오늘을 충실하게 살아가는 사람들을 상상할 수 있을 겁니다. 국경이 없다고 상상해 보십시오. 서로 죽이고 죽는 그런 일도, 또 종교도 없이 모든 사람은 평화롭게 삶을 영위할 수 있을 겁니다. 당신들은

아마 나를 몽상가라고 비웃을는지 모르지만 나는 그저 그렇게 살고 싶은 한 사람일 뿐입니다. 언젠가는 당신들도 우리와 함께 다가올 그 세상에서 살 수 있게 될 것입니다….”

_〈Imagine〉, 존 레논

이종환의 목소리는 낮았지만 거침이 없었다. 약간 더듬거리는 듯한 어투는 진정성을 담고 있는 듯 편안했다. 사람들은 그의 목소리와 메시지에 열광했다. 사랑과 이별, 그리고 삶에 관한 이야기를 속삭이듯 들려주었다. 그 시절 10대 학생과 청소년, 야근 노동자 등 밤에 눈을 뜨고 있었던 외로운 영혼들이 그의 팬이었다.

자신이 좋아하는 노래가 나오면 녹음하려고 카세트를 옆에 준비하기도 했다. DJ 이종환은 밤의 황제였다. 홀로 깨어 있지 않고 어느 곳에 나와 같은 사람이 있다는 동질감, 정서적 연대가 힘이 되고 위로가 되었다. 어눌하게 말하는 세상에 관한 이야기도 압권이었다. 〈이매진〉도 그가 말하고 싶었던 메시지 중 하나였을 것이다.

존 레논이 꾸었던 꿈에 직접 영감을 준 사람은 동시대를 살았던 마틴 루터 킹 목사였을 것이다. 비폭력 민권운동을 이끌었던 킹 목사는 1963년 워싱턴 대행진 때 링컨기념관에서 했던 '나에게는 꿈이 있습니다(I have a dream)'라는 역사적인 연설로 유명하다. 링컨이 1863년 노예해방 선언을 한 지 꼭 100년이 되던 해였다. 흑인은 노예에서 자유민이 되었지만, 사회의 모든 영역에서 피부색에 따른 차별을 받았다. 버스에서, 식당에서, 학교에서, 공공도서관에서, 집을 나와 거치게 되는 모든 곳에서 분리가 되었다. 심지어 거주지도 흑인과 백인은 나누어져 있었다. 킹 목사는 그날 20만 명이 넘는 청중 앞에서 자유와 평등, 민주주의의 가치를 역설했다.

"지금이야말로 바로 민주주의의 약속을 현실로 실현할 때입니다. 지금이야말로 바로 어둡고 쓸쓸한 인종차별의 골짜기로부터 분기하여 인종적 정의의 햇볕 길로 나아가야 할 때입니다. 흑인에게 시민권이 주어지기 전까지 미국에는 안식도 평온도 없을 것입니다.… 나는 언젠가는 이 나라 국민들이 분기하여 '우리는 모든 인간이 평등하게 창조되었음을 자명한 진리로 삼는다'는 이 나라 국민 신조의 참뜻을 체험하게 될 것이라는 꿈을 가지고 있습니다."

킹 목사는 막바로 가장 유명한 대목을 연설한다.

"나에게는 꿈이 있습니다. 언젠가는 조지아 주의 붉은 언덕에서 옛 노예의 자손들이 옛 노예 소유주의 자손들과 함께 형제애의 테이블에 앉을 수 있게 되리라는 꿈을 가지고 있습니다. 나는 나의 4명의 자손이 언젠가는 그들의 피부색으로 판단되지 않고 그들의 인품에 의해 판단되는 나라에서 살게 되리라라는 꿈을 가지고 있습니다."

마틴 루터 킹 목사는 1968년 암살당했다. 킹 목사가 서거한 지 50년이 넘었지만 킹 목사의 꿈은 아직도 땅에 뿌리박지 못하고 허공을 떠돌고 있다. 흑인 대통령이 선출되는 등 겉으로는 흑백 평등이 이루어진 것 같지만 미국 사회의 차별은 여전하다. 미국에서 흑인은 잠재적 범죄자로 취급당한다. 거리에서 이상한 행동을 하면 즉, 예고 없이 남의 집 문을 두드린다든지, 고속도로를 배회한다든지, 장난감 총을 몸에 지니고 다닌다든지 하면 어른, 아이 할 것 없이 재수 없으면 곧바로 경찰의 발포로 살해된다. 흑인들은 아무런 맥락 없이 죽음의 위협에 노출되어 있는 것이 현실이다.

2015년 전미도서상을 수상했고 최고 베스트셀러였던 『세상과 나 사이』 저자 타네하시 코츠는 '흑인 아버지가 아들에게 보내는 편지'라는 부제가 달린 책에서 15세 아들에게 말한다. 아들의 할머니·할아버지가 자신에게 늘 하던 말이다.

"이것이 너의 나라다. 이것이 네가 사는 세상이다. 이것이 너의 몸이다. 너는 이 모든 것 안에서 살아나갈 방법을 찾아야만 한다…. 내 어린 시절에 볼티모어에서 흑인으로 산다는 것은 이 세계의 비바람 앞에서 그 모든 총과 주먹, 부엌칼, 강도, 강간, 질병 앞에서 알몸으로 버텨내야 한다는 뜻이었다."

_『세상과 나 사이』

아프리카계 미국인인 타네하시 코츠가 인종차별 문제에 적극적으로 개입하게 된 계기는 아들이 태어나던 해, 하워드 대학 동창인 프린스 존슨의 어이없는 죽음 때문이었다. 존슨은 워싱턴 경찰에게 살해당했다. 경찰의 주장에 따르면 다른 범죄 용의자를 추적하다 그를 그 용의자라 생각하고 총을 쐈다고 한다. 확인도 없이 단지 흑인이니까 죽였다는 것이다. 존슨은 당시 비무장 상태였다.

존슨의 어머니는 의사로 지역사회에서 인정받고 있었고 흑인 가정으로서는 드물게 미국에서 성공한 중산층으로 살았다. 그런 존슨의 죽음은 그에게 큰 충격으로 다가왔다. 미국에서 인종차별은 사회적 성공과도 관계가 없다는 점이 확실해졌기 때문이다. 코츠는 그때부터 미국 경찰에 대한 비판적인 글을 닥치는 대로 쓰기 시작했다. 경찰의 부조리에 대해 고발이 주 내용이다. 그러나 무고한 흑인 살해 사건은 줄어들지 않았다.

"프린스는 한 경관에 의해 살해됐다기보다는 이 나라에 의해, 그리고 이 나라가 탄생할 때부터 새겨져 있던 모든 두려움에 의해 살해됐다는 사실이다…. 네가 알았으면 하고 바라는 것은 이거야. 미국에서는 검은 몸을 파괴하려는 것이 전통이라는 거다."

_『세상과 나 사이』

타네하시 코츠는 "미국 경찰은 주기적으로 흑인을 살해한다."라고 주장한다. 그렇게 함으로써 흑인들에게 두려움을 안고 살아가게 하고 백인 우월의 사회질서를 유지한다는 것이다. 코츠는 “검은 몸을 하고 ‘꿈’ 속을 헤매는 나라 안에서 어떻게 살 것인가 하는 질문은 나에게 평생의 질문”이라고 고백한다. 그래서 그는 섣부른 용서나 희망을 이야기하지 않는다. 힘을 길러서 자신을 지켜야 한다는 것이다. 내세에 고무된 흑인영가에도 현혹되면 안 된다고 주장한다. 그는 민권운동에서 상대적으로 급진파인 맬컴 엑스를 더 신뢰한다.

“내가 맬컴을 사랑한 이유는 그는 학교와는 달리, 그들이 쓴 도덕성의 가면과는 달리, 거리와 그 거리의 허세와는 달리, 꿈꾸는 몽상가들의 세계와는 달리 결코 거짓말을 하지 않았기 때문이다. 내기 맬컴을 사랑한 이유는 그는 절대 신비주의적이거나 난해하지 않게, 지극히 평범하게 설명했기 때문이다.”

_『세상과 나 사이』

백인으로서 미국에서 인종차별 철폐 운동 및 반전·평화운동에 헌신한, 진보 역사학자 하워드 진 교수도 자신의 자전적 역사에세이 『달리는 기차 위에 중립은 없다』에서, 보다 큰 행동을 위해서는 시민들의 작은 행동이 무엇보다 중요하다고 지적한다. 30대 때 흑인들만 다니던 스펠먼 대학교수로 재직하면서 차별받는 학생들의 인권 확대를 위해 지역사회 투쟁에 학생들과 적극적으로 앞장선 실천하는 지식인이었다. 스펠먼 대학은 민권운동 초창기 역사를 만들어낸 대학이었다. 그도 섣익은 희망을 이야기하지 않는다.

“교만하고 부유한 이들의 목소리-우리는 훌륭한 체제를 갖고 있으니 열

심히만 일하면 성공할 수 있다-를 들을 때면 나는 언제나 분노를 느낀다.”

_『달리는 기차 위에 중립은 없다』, 하워드 진

하워드 진 교수는 “어떤 사태가 치명적인 어떤 방향으로 움직이고 있는데 중립적인 입장을 취한다는 것은 그 방향을 받아들이는 것”이라고 말한다. 그는 또 변화의 과정에 참여하기 위해 거대한 영웅적 행동에 착수할 필요는 없다며 작은 행동이라도 수백만의 사람들이 반복한다면 세계를 변화시킬 수 있다고 덧붙인다. 그는 마지막으로 ‘좋지 않은 시대’라도 희망을 잃지는 말자고 말한다. 희망을 갖는다는 것은 단지 어리석은 낭만주의만은 아니라는 것이다.

존 레논의 〈이매진〉은 ‘오늘보다 더 나은 세상’을 꿈꾼다. 존은 “노래가 세상을 바꾸지는 못하더라도 적어도 듣는 사람에게 희망을 안겨 줄 수는 있다.”라고 말한다. 하워드 진 교수도 “우리를 둘러싼 모든 나쁜 것들에 도전하며 현재를 산다면 그것 자체로 훌륭한 승리가 될 수 있다.”라고 강조한다. 이들 모두는 몽상가가 꾸는 꿈도, 노예의 자녀와 그 소유주의 자녀가 함께 춤을 추는 꿈도 오늘 하루 자신의 영역에서 작은 행동을 실천한다면 언젠가는 이루어질 수 있다는 것이다. 김연아도 2016년 유니세프 최연소 국제 친선대사 임명 당시 인터뷰에서 함께 더 좋은 세상을 만드는 꿈을 꾸자고 제안했다.

“가장 최악의 상황에서도 꿈은 살아갈 용기를 주고 저는 이러한 메시지를 도움이 필요한 어린이들과 나누고 싶습니다.”

두려워하면 결국 지는 것이다

<Shape of My Heart> 스팅

그는 명상하듯 카드를 돌리지/ 상대방은 의심 따위 하지 않죠 / 돈을 따려 카드를 하는 게 아니에요 / 존경을 받기 위함도 아니죠 / 그는 답을 찾기 위해 카드를 돌려요 / 우연들이 만들어내는 신성한 기하학 / 예상되는 결과 속 숨겨진 법칙들 / 숫자들은 춤을 추네요.

병사들의 무기를 의미하는 스페이드 / 클로버는 전쟁의 무기라는 것을 알죠 / 다이아몬드는 게임에 필요한 돈 / 다 내 마음의 참모습은 아니에요 / 그는 다이아몬드 잭을 내놓을 수도 / 스페이드 퀸을 내놓을 수도 있어요 / 손안에 킹을 숨길 수도 있지요 / 그러는 사이 잊을 수도 있죠.

병사들의 무기를 의미하는 스페이드 / 클로버는 전쟁의 무기라는 것을 알죠 / 다이아몬드는 게임에 필요한 돈 / 다 내 마음의 참모습은 아니에요 / 내 마음의 참모습이, 참모습이 아니에요 / 만약 내가 당신을 사랑한다 하면 / 당신은 뭔가 잘못되었다고 생각하겠죠 / 나는 여러 얼굴을 가진 사람이 아니에요/ 내가 쓴 가면은 하나랍니다.

말만 하는 사람들은 아무것도 모르죠 / 대가를 치르고 나서야 알게 되죠 / 많은 곳에서 자신의 운을 탓하는 사람들처럼 / 두려워하는 사람들은 결국 잃고 말죠 / 병사들의 무기를 의미하는 스페이드 / 클로버는 전쟁의 무기라는 것을 알죠 / 다이아몬드는 게임에 필요한 돈 / 이건 내 마음의 참모습은 아니에요 / 내 마음의 참모습이 아니에요 / 내 마음의 참모습이, 참모습이 아니에요.

_〈Shape of My Heart〉, 스팅 작사, 도미닉 밀러 작곡, 스팅 노래

He deals the cards as a meditation / And those he plays never suspect / He doesn't play for the money he wins / He doesn't play for respect / He deals the cards to find the answer / The sacred geometry of chance / The hidden law of probable outcome / The numbers lead a dance.

I know that the spades are the swords of a soldier / I know that the clubs are weapons of war / I know that diamonds mean money for this art / But that's not the shape of my heart / He may play the jack of diamonds / He may lay the queen of spades / He may conceal a king in his hand / While the memory of it fades.

I know that the spades are the swords of a soldier / I know that the clubs are weapons of war / I know that diamonds mean money for this art / That's not the shape of my heart / Thats not the shape, shape of my heart. And if I told you that I loved you / You'd maybe think there's something wrong / I'm not a man of too many faces / The mask I wear is one.

Those who speak know nothing / And find out to their cost / Like those who curse their luck in too many places / And those who fear are lost / I know that the spades are the swords of a soldier / I know that the clubs are weapons of war / I know that diamonds mean money for this art / But that's not the shape of my heart / That's not the shape of my heart / Thats not the shape, shape of my heart.

_〈Shape of My Heart〉, Sting 작사, Dominic Miller 작곡, Sting 노래

흔히 인생을 '도박'에 비유한다. 도박이라는 말에는 우연성과 비논리, 그리고 운이 작용하는데 인생도 그런 경우가 많기 때문일 것이다. 합리적이라고 생각했던 것이 언제나 옳은 쪽으로 결론이 나는 것도 아니며 최악이라고 생각했던 결정이 전화위복의 계기가 되기도 한다. 그러면 우리는 어떤 삶을 살아야 할까. 인생이 도박과 같다면 사람의 모든 노력과 최선을 위한 고민은 무의미할까? 불가항력인 거대한 힘에 쓸려가는 존재일까? 그렇지는 않을 것이다.

삶은 선택의 연속이다. 눈 뜨는 순간부터 선택은 시작된다. 지금 일어날까 말까부터, 뭘 먹을까, 뭘 입을까, 어떤 경로로 출근

영화 〈레옹〉의 한 장면. 레옹은 마틸다에게 삶은 늘 힘들다고 말한다.
〈Shape of My Heart〉는 이 영화의 OST로 삽입되면서 세계적으로 유명해졌다.

할까 등등 평범한 하루는 사소한 선택들로 넘쳐난다. 물론 어떤 대학에 갈까, 이 회사가 좋을까 저 회사가 좋을까, 내 운명의 짝은 이 사람이 맞을까, 그도 저도 아니면 혼자 사는 게 속 편할까 등 삶의 전환점이 되는 결정적 선택도 있다. 크든 작든 어쨌든 우리는 매 순간 선택하며 산다.

인생이 신비롭고도 두려운 것은 선택의 결과를 알 수 없다는 점이다. 그래서 도박과 같다고 하는 것 같다. 산다는 것은 결국 운명의 수레바퀴에 자신을 맡기는 것이다. 누구나 그렇다. 자신의 뚜렷한 주관에 의한 선택이라고 하더라도 결과는 자신의 힘 밖에 있다. 인간의 관점에서 긍정적인 쪽으로 결론 나든, 실망스러운 방향으로 귀결되든 어쩔 수 없는 것이다. 그래도 우리는 종종 삶은 아름답다고 말하는데, 결과를 받아들이는 인간의 태도가 숭고할 때 그렇다. 한계를 받아들이는 삶, 최악의 상황에서도 이것은 다음 단계로 나갈 힘이 된다. 운명을 받아들이는 삶은 그래서 아름답다.

미국의 시인 로버트 프로스트의 〈가지 않은 길〉에서처럼 '단풍 든 숲 속 두 갈래 길에서 몸이 하나니 한쪽 길을 포기할 수밖에 없는' 운명에 대해 훗날 아쉬움과 경외심을 느낄지라도 겸허한 수용은 인간을 아름답게 만든다. 운명을 수용하는 것은 결코, 소극적인 태도가 아니다. 참된 용기다. 받아들여야 다시 걸어갈 수 있는 것이다.

영국의 록그룹 폴리스(The Police)의 리드보컬이었던 스팅(Sting·1951년생)이 솔로로 전향 뒤 1993년 발표한 〈Shape of My Heart〉는 포커라는 카드게임을 통해 운명과 삶의 비밀을 이야기한 노래다. 갬블러에게 포커 도박은 삶의 축소판이다. 돈을 딸 수도 있지만 잃는 경우가 더 많다. 행운보다는 불행이 더 가까이에 있고 기쁨보다는 고통이 더 많은 것이다.

그럼에도 갬블러가 도박판을 떠나지 못하는 이유는 무엇일까. 어쩌다 혹은 우연히 주어지는 행운에 대한 갈망이 그곳에 머물게 하는 것이 아닐까. 철학자 강신주는 『상처받지 않을 권리』라는 책에서 맹신도의 기도로 이를 설명한다. 맹신도의 기도는 도박꾼들이 거는 푼돈과 같다는 것, 신이 기도를 들어 줄지 확신하지 못하기 때문에 기도가 절박해지듯이(기도할 때마다 신이 자신의 기도를 들어준다면 절박함이 사라진다), 도박꾼도 운명의 여신이 자신에게 미소 지을지 확신하지 못하기 때문에 더 애타게 몰입한다는 것이다.

1921년 노벨문학상을 수상한 프랑스 소설가 아나톨 프랑스는 한발 더 나아가 "쾌락은 공포가 섞여 있을 때만이 비로소 인간을 도취시킨다."라며 사람들이 도박에 열광하는 이유를 설명했다. 도박이 삶의 축소판이라는 말에 동의한다면 삶도(선택을 잘못하면 다 잃는다는) 공포가 있기에 더 절박해진다는 것이다. 공포라는 것은 절박함, 혹은 열정을 태생적으로 안고 있다.

결국, 다 잃을 것이라는 공포를 억누르는 것은 '짧은 환희'다. 환희에는 공포의 터널을 지나왔다는 승리감이 깔려있다. 그러나 환희는 잠시다. 인생이든 도박이든 만만하지 않다. 승리의 확률은 언제나 절반에 훨씬 미치지 못한다. 홀짝 게임은 이길 확률이 그나마 50%지만 주사위 놀이는 6분의 1에 불과하다. 룰렛게임은 대개 38분의 1이다. 게임을 하면 할수록 가진 것은 점점 줄어들게 마련이다. 안 하면 그만이지만 그럴 수 없는 게 도박이다.

짧은 환희가 마약처럼 유혹해 도박판을 떠날 수 없게 만드는 것이다. 이것이 삶의 숙명이다. 삶의 열차에서 내릴 수 없는 인간이나 도박판을 떠날 수 없는 도박꾼은 같은 처지다. 살아남기 위해서는 결국 공포를 즐겨야 한다. 즉, 공포를 받아들여야 하는 것이다. 다 잃는다는 공포가, 그리고 짧은 환희가 힘든 오늘을 살게 하는 원동력이 된다.

갬블러는 결국 잃어버린 것을 받아들이는 것이 삶이란 사실을 깨닫는다. 절망을 받아들이면 모든 것을 잃지는 않는다. 진정한 갬블러는 어디에 돈을 걸든, 어떤 선택을 하든 결과를 받아들이고 다음 게임에 탑승한다. 그것이 최선이고 내일이 있는 삶이다. 잃는 것이 두려워 선택조차 하지 않는다면, 결국 지는 것이다. 삶에서든 포커판에서든.

"말만 하는 사람들은 아무것도 모르죠 / 대가를 치르고 나서야 알게 되죠 / 많은 곳에서 자신의 운을 탓하는 사람들처럼 / 두려워하는 사람들은 결국 잃고 말죠."

_〈Shape of My Heart〉

터널 끝을 알 수 없다고 삶을 멈출 수는 없다. 달리는 자전거처럼 잠시도 머뭇거리는 것을 허락하지 않는다. 결과가 두려워 선택하지 않는다면 결국, 인생에 패배하는 것이다. 선택했다면 어떤 결과가 나오든 받아들이고 걸어가야 한다. 운을 탓해서도 안 된다. 결국, 삶이란 그 어떤 운명도, 결과도 담담히 받아들이고 사는 것이다. 말은 쉽지만, 결코 쉬운 일이 아니다. 이 운명을 받아들이는 자세가 삶의 품격을 결정하는 것이다. 예수나 부처,

공자는 이 운명을, 이 삶의 수수께끼를 잘 풀었던 사람들이었다.

혈액암의 일종인 림프종을 선고받고 죽음의 입구까지 갔던 영화평론가이자 작가인 허지웅은 그의 책 『살고 싶다는 농담』에서 고통과 절망의 한복판에서 생의 의지를 되찾고 붙잡았던 이야기를 들려준다. 척추를 드릴로 뚫는 고통도, 온몸이 붓고 마약성 진통제도 소용이 없었던 악마와 같던 밤의 지옥에서 벗어나 올 수 있었던 힘은 무엇이었을까.

자신에게 고통을 안긴 사람들, 자신을 배신하고 기만하고 속였던 사람들에 대한 원망과 증오를 다 내려놓고 암이라는 자신의 운명을 직시하고 받아들이기로 했던 그 밤, 극단적인 선택을 하고 다시 맞이한 새벽, 그는 살기로 결심한다. 그렇다. 죽음이라는 운명을 받아들임으로써 삶의 세계로 걸어 나온 것이다.

"만약 당신이 살기로 결정한다면, 천장과 바닥 사이의 삶을 감당하고 살아내기로 결정한다면, 더 이상 천장에 맺힌 피해의식과 바닥에 깔린 현실이 전과 같은 무게로 당신을 짓누르거나 얼굴을 짓이기지 않을 거라고 약속할 수 있다. 그 밤은 여태껏 많은 사람을 삼켜왔다. 그러나 살기로 결정한 사람을 그 밤은 결코 집어삼킬 수 없다."

_『살고 싶다는 농담』, 허지웅

스팅은 〈Shape of My Heart〉를 통해 한 포커 플레이어의 이야기를 하고 싶었다고 말했다. 그 갬블러는 속임수를 쓰거나 돈을 따기 위해 카드를 돌리는 것이 아니라 삶의 답을 찾기 위해 카드게임을 한다고 말한다. 권력이나 명예(스페이드와 클로버)도 돈(다이아몬드)도 자신이 진정 추구하는 목표는 아니라고 말한다. 다만 모든 것을 잃고 나서도 다시 걷게 되는 힘을 원하는데 스팅은 그게 사랑이라고 노래하는 것이다.

권력이나 명예, 돈은 결정적인 순간이 될 때 아무런 도움이 되지 않는다는 것, 변명만 일삼게 되면 결국 대가를 치르게 된다고 말한다. 운명을 탓하지 않고 운명의 결과를 두려워하지 않는 삶, 그러한 삶을 살도록 이끄는 게 진정한 사랑이라고 노래한다. 결국, 스팅에게 사랑이란, 선택을 두려워하지 않고 변명하지 않으며 운명을 받아들이는 힘이다. 명상하듯 새로운 카드를 돌릴 수 있고 새로운 선택을 할 수 있는 내적 에너지라는 것이다.

〈Shape of My Heart〉가 세계적으로 유명해진 계기는 1994년 뤽 베송 감독이 만든 영화 〈레옹〉의 OST로 삽입되면서다. 〈레옹〉은 떠돌이 살인청부업자 레옹(장 르노 분)과 순수하지만, 가족에게 학대받던 어린 소녀 마틸다(나탈리 포드만 분)의 운명적인 만남과 사랑에 관한 이야기다.

〈Shape of My Heart〉는 킬러 레옹이 마틸다 가족의 복수를 하다 목숨을 잃은 뒤 마틸다가 레옹의 분신 같은 화분을 땅에 심는 엔딩 장면 때 나온다. 킬러의 삶을 이야기한 영화 〈레옹〉과 인생을 카드게임으로 비유한 〈Shape of My Heart〉의 노래 가사가 절묘하게 어울린다. 킬러에게 후회는 없다. 죽이지 않으면 죽는다. 뒤돌아보지도 않는다. 어떤 결과가 나와도 받아들인다. 화분처럼 떠돌이다.

그러나 레옹은 자신처럼 외로운 마틸다를 만나면서 사랑을 얻게 되고 정착하고 싶지만 그래서는 안 된다는 것을 본능적으로 안다. 마틸다가 레옹의 화분을 땅에 심으면서 그들은 뒤늦게 서로에게 정착하게 되는 것이다. 레옹과 마틸다가 처음 만나 나눈 다음 대사에 삶의 대부분의 비밀이 담겨있다. 삶이 만만치 않다는 것이다.

"사는 게 늘 이렇게 힘든가요? 아니면 어릴 때만 그래요?" (마틸다)

"아니, 언제나 힘들지." (레옹)

새엄마의 폭력에 피폐한 어린 삶을 살던 마틸다에게 지금의 고통은 훗날 사라지는 그런 악몽이 아닐까 하는 희망을 담아 물었지만, 레옹의 대답은 간결하다. 삶은 언제나 힘들다고. 어떤 선택을 하더라도 고통이 더 가까이에 있다는 것을 보여준다. 〈Shape of My Heart〉는 카드게임이라는 도박 이야기지만 결국 운명에 좌우되는 인생을 이야기하고 있다.

인생과 도박에는 유사점이 많다. 첫째, 둘 다 거대한 운명에 자신을 맡긴다는 것이다. 둘째, 성공과 실패의 이유가 불확실하다는 것이다. 많은 부분 우연에 의해 결정된다. 셋째, 그래서 엄청난 공포가 뒤따른다. 도박은 자신의 전부인 판돈을 잃을까 봐, 삶은 자신의 선택이 엄청난 실패로 이어질까 봐 두려운 것이다.

스팅의 〈Shape of My Heart〉는 독보적이다. 허스키한, 목소리에 삶의 허전함과 무정함을 잘 담았다. 무심한 듯 시크한 스팅의 목소리에는 깊은 호소력이 있다. 〈Shape of My Heart〉의 여러 버전 중 두 가지가 인상 깊었다. 하나는 스팅이 음악 동료이자 작곡가인 도미닉 밀러의 반주에 맞춰 둘이서만 어느 골방에서 시를 읊조리듯 소박하게 부른 버전이고 또 하나는 2011년 MBC 음악프로 '바람에 실려' LA 공연 실황 때 록가수 임재범이 커버한 것이다.

둘 다 삶의 생채기를, 노래에 잘 담았다. 무심한 척 툭툭 내뱉지만, 청중들을 흡인하는 카리스마도 탁월하다. 그러나 스팅은 부드럽고 임재범은 강렬하다. 스팅은 밀러와 눈빛으로 교감하며 상대를 배려하지만, 임재범은 운명과 맞서 싸우는 고독한 전사같이 거만하다.

스팅은 목소리 하나로 모자람이 없지만, 임재범은 오직 사랑뿐이라며 오만이 넘친다. 스팅이 부드러운 카리스마로 인내하며 한 걸음씩 극복해 나가는 스타일이라면 임재범은 배수진을 치고 단판으로 결론을 내려는 승부사 같다. 운명을 받아들이는 스타일은 두 가지다. 긍정적으로 받아들이느냐, 도전적으로 받아들이느냐는. 스팅은 전자일 것 같고 임재범은 후자일 것 같다. 우리의 삶은 스팅과 임재범, 어느 사이에 있을 것이다.

자유를 위한 여정은 끝나지 않았다

<기차는 8시에 떠나네> 조수미

카테리니행 기차는 8시에 떠나가네 / 11월은 내게 영원히 기억 속에 남으리 / 내 기억 속에 남으리.

카테리니행 기차는 영원히 내게 남으리 / 함께 나눈 시간들은 밀물처럼 멀어지고 / 이제는 밤이 되어도 당신은 오지 못하리 / 당신은 오지 못하리 / 비밀을 품은 당신은 영원히 오지 못하리.

기차는 멀리 떠나고 당신 역에 홀로 남았네 / 가슴속에 이 아픔을 남긴 채 앉아만 있네 / 남긴 채 앉아만 있네 / 가슴속에 이 아픔을 남긴 채 앉아만 있네.

_〈기차는 8시에 떠나네〉,
신경숙 번안, 미키스 테오도라키스 작곡, 조수미 노래

To traino feygei stis ochto / Taxidi gia tin Katerini / Noemvris minas den tha meinei / Na mi thymasai stis ochto / Na mi thymasai stis ochto / To traino gia tin Katerini / Noemvris minas den tha meinei.

Se vrika pali xafnika / Na pineis oyzo stoy Leyteri / Nychta den thartheis s alla meri / Na cheis dika soy mystika / Na cheis dika soy mystika / Kai na thymasai poios tha xerei / Nychta den thartheis s alla meri.

To traino feygei stis ochto / Ma esy monachos echeis meinei / Skopia fylas stin Katerini / Mes tin omichil pente ochto / Mes tin omichil pente ochto / Machairi stin kardia soy ekeini / Skopia fylas stin Katerini.

_〈To traino feygei stis ochto〉

그의 음악엔 슬픔이 있다. 경쾌한 곡도 밑바닥에는 슬픔이 짙게 배어 있는 것이다. 석양이 지는 벌판의 끝에서 무리 지어 놀던 동물들이 조용히 사라지는 것같이, 그의 음악들은 슬픈 것만이 진정으로 아름다울 수 있다는 것을 말해 준다. 반도 국가 태생이라는 숙명 때문일까. 지중해 발칸반도 끝부분에 위치한 그리스도 오랜 기간 외세에 시달렸다.

고대와 중세엔 로마(동로마)제국의 속주로, 근대엔 400여 년간 오스만(터키)제국의 가혹한 지배를 받았다. 1829년 독립했지만, 러시아, 프랑스, 영국 등 주변 열강들의 간섭과 분쟁이 끊이지 않았다. 2차 세계대전 땐 이탈리아, 알바니아, 나치 독일의 침략을 받았다. 전쟁이 끝난 1945년 이후엔 좌우 내전으로 고통받았고 군부독재와 잦은 쿠데타로 투옥과 고문, 추방이 일상화됐다.

그리스는 인류 역사상 가장 먼저 민주주의가 시작됐던 나라다. 코발트빛 지중해를 바탕으로 숱한 아름다운 신화와 함께 헬레니즘 문화의 근원이 되어 서양문화를 태동시킨 곳이기도 하다. 많은 국가와 민족이 그리스 영토를 정복했지만, 그리스의 정신과 문화만은 정벌하지 못했다.

그리스 반체제 작곡가 미키스 테오도라키스(1925~2021)는 지금은 터키 땅이 된 소아시아의 키오스섬에서 태어났다. 7세 때부터 비잔틴 성가와 그리스 민속 음악을 공부하며 무반주 가곡을 작곡하고 합창단을 조직해 활동하기도 하는 등 음악 천재로 불렸다. 테오도라키스는 1943년 아테네음악원에 입학해 본격적으로 음악공부를 하려고 했으나 그리스가 처한 정치적 현실은 그를 자연스럽게 나치에 저항하는 레지스탕스 운동에 가담하게 하였다.

"그때는 전시였다. 우리는 신앙심이 깊은 독실한 신자였다. 그리스도의 사랑, 기독교적인 자비, 그리고 신앙심은 우리가 주위의 폭력에 그리고 그 당시 세계의 추악함에 맞서 싸워야 할 때 우리의 요구를 채워 주었다. 복음서의 봉독 그 자체가 일종의 저항이었으나 그것만으로는 충분하지 않았다. 우리는 무엇인가를 해야 했고 또한 반응해야 했다."

_『월드뮤직』, '미키스 테오도라키스', 서남준

테오도라키스는 군 수용소 수감, 국외 추방 등 숱한 고난 속에서도 1천 곡이 넘는 렘베티카를 작곡했다. 렘베티카는 그리스 민중의 노래였다. 그가 렘베티카를 작곡하기 시작한 것은 파리 등지에서의 비자발적인 음악 활동을 접고 1960년, 그리스로 돌아온 이후였다. 그는 새로운 형식의 음악을 원했다. 그러던 중 중산층과 지식인들이 외면했던, 밑바닥 인생들의 노래였던 렘베티카에서 자신의 음악적 뿌리를 찾았던 것이다. 그때부터 테오도라키스는 위대한 그리스 시인들의 시를 토대로 개성적인 렘베티카를 봇물처럼 쏟아 냈다.

그리스 민족음악의 정수인 렘베티카를 세계적인 음악으로 한 단계 발전시킨 인물로 마노스 하지다키스와 미키스 테오도라키스를 꼽는다. 마노스 하지다키스는 보다 서정적인 렘베티카를 작곡했다. 1970년대 트윈폴리오가 부른 〈하얀 손수건〉의 원곡자이며 〈욕망이라는 이름의 전차〉, 〈일요일은 참으세요〉의 영화음악을 작곡하기도 했다. 반면 테오도라키스는 민중의 애환이 짙게 배인 전통 가락에 서양의 클래식 음악을 접목, 장엄하고 스케일이 큰 렘베티카를 작곡, 그리스의 음악사에 커다란 족적을 남겼다.

그중 칠레의 혁명 시인 파블로 네루다의 대서사시에 곡을 붙인 칸타타 〈모두의 노래〉를 비롯하여 오라토리오 〈영혼의 행진〉 발레곡 〈그리스인 조르바〉 3편은 현대음악사에 남을 걸작으로 꼽힌다. 렘베티카는 그리스 민속악기인 부주키(만돌린과 비슷한 8줄의 현악기)가 빚어내는 애잔한 선율로 더 깊은 울림을 준다. 테오도라키스에게 부주키는 자신의 음악과 그리스 민중 사이를 잇는 영혼의 통로였다.

렘베티카 명곡으로 알려진 〈기차는 8시에 떠나네〉는 테오도라키스가 1967년 군부 쿠데타로 체포된 뒤 감옥에서 1968년 작곡한 것으로 전해진다. 작사가는 마노스 엘레프테리우라는 젊은 시인이다. 시인은 테오도라키스가 체포되기 전 은신처로 찾아가 자신의 시 몇 편을 주었다고 한다. 2차 대전 당시 나치에 저항했던 레지스탕스 애인의 무사 귀환을 갈망하는 애절한 사연을 기차라는 시적 이미지와 상징으로 표현했다. 그리스 시대 상황이 수채화처럼 다가오는 노래다. 원곡 가사와 신경숙의 번안 가사는 약간 다른 것으로 알려져 있다.

"기차는 8시에 떠나갔습니다 / 카테리니를 향해 / 11월은 카테리니행 기차를 기억하지 않고서는 지나가지 않겠지요 / 11월이 올 때마다 카테리니행 기차를 추억합니다.

우연히 레프테리(아테네 중심가 카페)에서 우조(허브향 강한 술)를 마시고 있는 당신을 다시 발견했습니다 / 밤은 다른 곳에서는 찾아오지 않겠지요 / 당신은 비밀을 안고 그것을 아는 자를 추억합니다 / 밤은 다른 장소에는 찾아오지 않겠지요.

기차는 8시에 떠나갔습니다 / 그러나 당신은 홀로 카테리니의 초소에서 보초를 서고 있습니다 / 마음을 비수처럼 찌르는 안개 속에서 / 당신은 홀로 보초를 서고 있습니다."

_『월드뮤직』

원곡 가사는 한 편의 난해시를 연상시킨다. 번역한 사람마다 가사가 다르다. 대략 위의 내용을 담고 있다. 카테리니에서 보초를 서는 군인, 비밀을 간직한 당신, 비수처럼 찌르는 안개 등 뭔가 신비로운 분위기는 있지만, 구체적인 사연을 잘 잡히지 않는다. 신경숙은 난해한 가사를 서정적이면서도 세련된 형태로 가다듬었음을 알 수 있다.

〈기차는 8시에 떠나네〉는 그리스의 국민가수인 메조소프라노 아그네스 발차를 비롯해 테오도라키스의 음악적·정치적 동지였던 마리아 파란두리, 약간 허스키한, 목소리에 호소력 짙은 해리스 알렉시우 등 수많은 가수가 불렀다. 우리나라에선 1998년 방영된 SBS 드라마 '백야'의 주제가로, 또 세계적인 소프라노 조수미가 불러 친숙하게 다가온다.

아그네스 발차는 '내 조국이 가르쳐준 노래'라는 앨범을 통해 이 노래를 세계적인 명곡의 반열에 올렸다. 기교를 최대한 억제한 채 애잔하고 담백하게 불러 인기가 높았다. 테오도라키스는 자신의 곡을 가장 완벽하게 해석한 가수로 마리아 파란두리를 꼽았다. 굵고 낮은 음색의 파란두리는 1970년대 초 망명생활 중이던 테오도라키스가 부르면 파리든, 뉴욕이든 어디든 달려갔다. 테오도라키스가 큰 몸짓으로 지휘를 하고 파란두리가 씩씩하게 노래한다. 느리게 혹은 빠르게 관객들과 함께 박수치고 호흡하며 그리스의 자유를 갈구한다. 프랑수아 미테랑 전 프랑스 대통령은 "나에게 있어 마리아는 그리스 그 자체이다. 그녀의 강렬하고 순수하며 긴장감 넘치는 목소리는 헤라 여신을 연상케 한다."라고 극찬한 바 있다.

"과거로 돌아갈 수는 없습니다. 시간은 언제나 앞으로만 흐르죠. 그러나 저는 과거의 일들을 가방에 넣어 들고 다니고 있습니다. 지금 제가 하는 작품의 바탕은 다 과거에 있다고 할 수 있으니까요. 음악은 한 나라의 영혼이고 정신이라 할 수 있습니다. 그런 것이 음악의 초상이고 저는 단적으로 그런 아름다움을 보여주기 위해 노력합니다. 제게 있어 음악은 아주 중요합니다. 가족처럼 말이죠. 음악 없이는 살 수 없어요. 아주 어렸을 때부터 학교에서 기도하면서 국경일에도 늘 노래를 해 왔습니다. 저는 자유에 대한 노래를 많이 불렀습니다."

그리스 자유의 상징이라는 마리아 파란두리의 회상이다. 또 한 명의 동지적 가수가 있다. '그리스의 잔다르크'라고 불리는 멜리나 메르쿠리다.

"내가 기억하는 한 그리스에서 테오도라키스의 음악을 듣지 않고 지나는 일은 하루도 없었다. 라디오든, 극장에서든, 영화든, 술집에서든, 열려 있는 창에서 들려오는 레코드에서든, 지나가는 소년이 부는 휘파람 소리든 어디서든지 들려왔다. 그의 음악은 일상생활의 일부였다."

_『나는 그리스인으로 태어났다』, 멜리나 메르쿠리 자서전

테오도라키스와 1925년 동갑내기인 메르쿠리는 영화 〈일요일엔 참으세요(1960년)〉와 〈죽어도 좋아(페드라, 1962년)〉 등에서 지적이면서도 정열에 불타는 연기로 우리나라를 비롯하여 전 세계 영화 팬들에게 강렬한 인상을 남겼다. 〈페드라〉 영화 주제곡을 통해 작곡가 테오도라키스와 친분을 쌓은 메르쿠리는

1967년 군부 쿠데타를 계기로 본격적으로 정치투쟁에 나섰다.

"쿠데타는 나에게 겁탈과도 같은 영향을 미쳤다. 겁탈당하면서 조용히 반응할 수는 없을 것이다. 부르짖고 반항하며 할퀼 것이다. 대령들이 권력을 잡았을 때 나는 해외에 있었다. 그때 나는 할 수 있는 한 힘껏 외쳤다. 춤추었다. 자유를 위해. 나는 더 이상 응석받이 아이가 아니었다. 나는 이미 고려의 대상이 된 그 누구였다."

_『나는 그리스인으로 태어났다』

메르쿠리의 정치참여는 아테네 시장으로 30년을 보냈지만, 군부에 의해 투옥되어 감옥에서 삶을 마감한 할아버지의 영향이 절대적이었다. 조국의 현실에 실망하고 뉴욕으로 간 메르쿠리는 미국 텔레비전에 출연해 그리스 정치 현실을 폭로하는 연설을 하고 "군정이 계속되는 동안에는 아무도 그리스 여행을 하지 말아 달라."라고 당부하는 등 적극적인 항거를 시작했다. 군사정부는 미키스 테오도라키스의 음악과 함께 그녀의 노래공연을 금지했다. 그럼에도 그리스 군부에 대한 항거가 노골화되자 군사정부는 뉴욕에 암살자를 보내 암살을 시도하기도 했다.

그리스가 출신이 아닌 가수 중에는 칸초네의 여왕으로 불리는 밀바가 테오도라키스 음악의 적극적인 지지자였다. 특유의 고혹적이면서도 애잔한 노래와 목소리로 이탈리아가 자랑하는 디바였던 밀바는 테오도라키스의 투쟁의 역사와 삶에 대한 존

경과 헌신으로 함께 했었다. 그녀는 테오도라키스의 노래 10곡을 이탈리아어로 번역해 음반을 내놓았다. 〈기차는 8시에 떠나네〉의 이탈리아 번안곡인 〈그대에게 설명하듯이〉에서의 처연함은 원곡이 가지고 있는 서글픔의 무게에 대한 관조와 밀바 특유의 시간을 이겨낸 농밀함이 묻어 있다고 전문가들은 평한다.

세월이 흘러 2000년 7월 독일 뮌헨에서 열린 테오도라키스의 75회 생일 축하 공연에서 밀바는 〈기차는 8시에 떠나네〉를 이번엔 독일어로 불러 주어 테오도라키스의 마음을 더욱 뜨거운 감회에 젖도록 만들었다. 밀바가 1960년대 후반 베르톨트 브레히트의 시를 독일어로 노래한 음반을 발표하여 브레히트라는 이름에 낭만성을 고취시켰던 것과 마찬가지로 테오도라키스에 대한 무한한 존경의 마음을 담았다.

우리나라 사람들이 가장 좋아하는 그리스 민요 〈기차는 8시에 떠나네〉는 소프라노 조수미가 우리말 가사로 절절하게 부르면서 더 유명해졌다. 슬픔의 코드가 우리와 비슷하다. 반도 국가라는 동질감에다 좌절과 피해의식에서 촉발된 한(恨)의 정서가 노래 밑바닥에 배어 있기 때문일 것이다. 우리도 민요나 탈춤 살풀이굿 등을 통해 오래된 슬픔을 맺고 풀어 왔다. 그리스 민요 렘베티카도 그랬던 것 같다. 서구에 위치해 있지만, 동방적인 요소가 풍부하게 스며있는 그리스만의 독특한 문화도 한몫했을 것이다.

소프라노 조수미가 치매를 앓고 있는 어머니를 바라보고 있다.
어머니에게 조수미는 삶의 전부였다. 출처=SBS 취재파일

조수미는 언론 인터뷰에서 "한국인으로 태어난 것이, 오페라 가수로서는 커다란 복이었다."라고 고백했다. 반도 국가에서 태어나 굴곡의 역사를 선험적으로 체득한 것이 슬픔이 노래를 부를 때 장점이었다는 것이다. 그래서 그럴까. 그녀가 부른 테오도라키스의 〈기차는 8시에 떠나네〉는 그리스 가수들 못지않게 또 다른 감동을 준다. 맑고 고운 고음으로 부르는 조수미의 노래는 특유의 강약과 속도 조절로 더 애절하게 들린다. 절정으로 치달을수록 강해지다가 어느 순간 작아지고 느려지는 창법이 시간의 빈 공간을 만들어 슬픔을 배가시킨다.

조수미는 기다림이나 그리움을 표현한 노래를 부를 때 듣는 이의 가슴을 가장 저리게 한다. 헨델 오페라 '리날도' 중 〈울게 하

소서〉를 비롯하여 카치니의 〈아베마리아〉와 슈베르트의 〈아베마리아〉, 그리고 우리 가곡 〈동심초〉 〈고향〉 등을 듣다 보면 왜 신이 내린 목소리인지 불현듯 알게 된다. 슬픈 음악이 왜 아름다운지, 왜 사람에게 위로가 되는지 깨닫게 되는 것이다. 조수미의 가슴에 맺힌 상처와 아픔이 무엇이길래 이렇게 간절할까.

"꿈이 성악가였던 어머니, 어머니는 저를 세계적인 성악가로 키우기 위해 어릴 때부터 온갖 뒷바라지를 하셨지요. 모든 삶의 초점을 저한테 맞춰 살았던 것 같아요. 당신의 삶은 없었어요. 그런 어머니가 감사하기도 하지만 어느 땐 문득 같은 여성으로서 어머니에게 행복하셨는지 묻고 싶기도 해요."

_'디바 조수미' TV조선 개국 5주년 특별기획

조수미의 어머니는 현재 알츠하이머로 자신의 이름조차 기억하지 못한다. 공연을 위해 전 세계를 순회하는 조수미가 저녁만 되면 어디에 있든지 매일 같은 시간에 어머니에게 전화한다는 것은 꽤 많이 알려져 있다. 그때마다 그녀는 어머니에게 어릴 때 같이 불렀던 노래를 가르쳐 준다. 더 이상 치매가 진행되는 것을 막기 위해서일 것이다.

조수미는 어머니의 떠듬거리며 부르는 목소리만으로도 힘을 얻는다고 고백한다. 그녀의 아픔은 또 있다. 젊은 시절 심한 스트레스와 호르몬 이상으로 얻은 자궁근종으로 엄마의 삶을 살 수 없게 되었다는 것이다. 조수미가 공연 때마다 〈자장가〉를 부르는 이유일 것이다. 그녀가 부른 자장가 중 코사크의 자장가와 김대현의 자장가가 너무 슬퍼 아름답다. '엄마와 아가'라는 원초적인 그리움을 불러일으키기 때문일 것이다.

잘 자라 나의 아름다운 아가 자장자장 / 조용히 맑은 달빛이 너의 요람을 비추는구나 / 너에게 동화 이야기를 들려주마 / 노랫소리를 들려주마 / 그러니 너는 눈을 감고 잠에 들거라.

넌 영웅의 면모를 지니게 될 거야 / 맘 곳 깊이 진정한 코사크인이 되겠지 / 난 그런 너의 수발을 드느라 바쁘겠구나 / 넌 그저 손을 흔들며 떠나갈 텐데 / 얼마나 많은 쓴 눈물을 / 밤 몰래 내가 흘리게 될까 / 자라 나의 천사, 평온하게, 달콤하게 자장자장.

_코사크의 자장가

아버지의 부고를 듣고도 유럽 공연을 마쳐야 했던 아픔까지, '백 년에 하나 나올까 말까 한, 목소리'라는 찬사를 얻었던 화려한 프리마돈나 조수미의 삶도 빛과 그림자가 겹쳐져 있다. 그림자가 없었다면 빛도 드러나지 않는 게 자연법칙이다. 선천적인 천재성에다 영혼의 굴곡이 더해져 비교 불가의 조수미 목소리가 만들어졌다고 보는 게 옳을 것이다. 그리스 민요 〈기차는 8시에 떠나네〉는 조수미에게 최적화된 곡이었던 것이다.

사람들이 〈기차는 8시에 떠나네〉를 좋아하는 또 다른 이유는 '기차'라는 이미지 때문일 것이다. 누구나 기차 여행에 대한 그리움이 있다. 어디론가 훌쩍 떠난다는 것, 거기엔 무엇이 있을까, 어떤 이야기가 있을까. 미지에 대한 두려움과 함께 호기심이 사람을 두근거리게 한다. 초고속열차 시대인 요즘은 낭만이 줄었지만, 비둘기호나 통일호가 있던 시절엔 설렘 그 자체였다.

시골이나 산골 간이역마다 쉬어가면서 그곳 사람들의 애환과 삶을 싣고 달렸다. 기차는 추억으로 가는 티켓이나 다름없었다. 신촌역에서 경의선을 타고 수색, 능곡을 지나 백마역에 간다든지, 청량리역에서 경춘선을 타고 금곡, 가평, 강촌역을 가는 길엔 그리움이 가득했다. 그곳엔 청춘들의 아지트가 있고 음악과 술이 있으며 그리고 사랑과 좌절이 있었다.

"1980년대 청춘은 낡은 기차와 함께했다. 그 중심에 비둘기호가 있었다. 역이란 역은 모두 멈춰서는 완행열차다. 속도가 매우 느려 간혹 날쌘 청년들은 달리는 열차에서 뛰어내리거나 올라타는 묘기를 부리기도 했다. 비록 느리고 허름하기 이를 데 없지만, 이 열차가 꼭 필요한 사람들이 있었다. 인근 도시로 통학하던 여고생의 재잘거림이 담겨 있었고 삶은 달걀과 푸성귀를 담은 광주리를 이고 아들딸 집으로 가던 어머니의 주름진 얼굴이 있었으며 오일장에 내다 팔 물건들을 담은 봇짐을 들고 새벽 첫차를 탄 장꾼들이 있었다."

_서울신문 '1980년대 청춘의 재발견', 김동률 서강대 교수

이제 기차를 타고 세상과 인심을 느리게 둘러보는 낭만의 시절은 지났다. 청춘들의 탈출 수단이었던 낡은 기차는 이제 소임

을 마치고 쓸쓸히 퇴장했다. 차고지로 돌아가는 지친 철마의 길고 길었던, 구슬픈 기적소리도 기억 저편으로 사라졌다. 그러나 카테리니행 기차는 오늘도 에게해를 끼고 달릴 것이다. 자유를 향한 여정은 끝나지 않았기 때문이다. 삶이 지속되는 한 그럴 것이다. 바다가 보고 싶을 때 청량리역에서 동해역을 거쳐 정동진으로 가는 무궁화호가 아직 남아 있어 위안이 된다.

***미키스 테오도라키스의 삶과 노래를 재구성할 때 밀바 '미키스 테오도라키스의 10개의 노래' 음반 해설-강민석 음악칼럼니스트, 네이버 블로그 '람의 이야기'-미키스 테오도라키스 '영혼을 울리는 이름', 네이버 블로그 '내 마음속의 굴렁쇠'-그리스 음악 거장 미키스 테오도라키스의 글에서 도움을 받았다.

널 생각만 해도 난 강해져

<다시 만난 세계> 소녀시대

전해주고 싶어 슬픈 시간이 / 다 흩어진 후에야 들리지만 / 눈을 감고 느껴봐 움직이는 마음 / 너를 향한 내 눈빛을.

특별한 기적을 기다리지만 / 눈앞에 선 우리의 거친 길은 / 알 수 없는 미래와 벽 / 바꾸지 않아 포기할 수 없어 / 변치 않을 사랑으로 지켜줘 / 상처 입은 내 마음까지 / 시선 속에서 말은 필요 없어 / 멈춰져 버린 이 시간.

사랑해 널 이 느낌 이대로 / 그려왔던 헤매임의 끝 / 이 세상 속에서 반복되는 / 슬픔 이젠 안녕 / 수많은 알 수 없는 길 속에 / 희미한 빛을 난 쫓아가 / 언제까지라도 함께하는 거야 / 다시 만난 나의 세계.

특별한 기적을 기다리지만 / 눈앞에 선 우리의 거친 길은 / 알 수 없는 미래와 벽 / 바꾸지 않아 포기할 수 없어 / 변치 않을 사랑으로 지켜줘 / 상처 입은 내 마음까지 / 시선 속에서 말은 필요 없어/ 멈춰져 버린 이 시간.

사랑해 널 이 느낌 이대로 / 그려왔던 헤매임의 끝 / 이 세상 속에서 반복되는 / 슬픔 이젠 안녕 / 수많은 알 수 없는 길 속에 / 희미한 빛을 난 쫓아가 / 언제까지라도 함께하는 거야 / 다시 만난 우리의.

이렇게 까만 밤 홀로 느끼는 / 그대의 부드러운 숨결이 / 이 순간 따스하게 감겨오는 / 모든 나의 떨림 전할래 / 사랑해 널 이 느낌 이대로 / 그려왔던 헤메임의 끝 / 이 세상 속에서 반복되는 / 슬픔 이젠 안녕 / 널 생각만 해도 난 강해져 / 울지 않게 나를 도와줘 / 이 순간의 느낌 함께하는 거야 / 다시 만난 우리의.

_〈다시 만난 세계〉, 김정배 작사, 켄지 작곡, 소녀시대 노래

세상은 바뀌지 않는다. 쉽게 바뀌지 않는다. 기존의 질서를 바꾸는 것은 쉽지 않다. 물줄기를 되돌리는 일은 쉬운 일이 아니다. 그러나 계란으로 바위 치기처럼 무모한 것 같지만 한 번씩 폭풍처럼 바뀔 때가 있다. 섭씨 100도의 물처럼 말이다. 섭씨 100도가 되기 전에는 어떤 기미도, 변화도 없는 물이지만 100도에 도달하면 혁신적으로 달라진다. 오랜 기다림과 두드림 끝에 마침내 끓는 것이다. 수증기로 질적 변화가 이루어지는 순간이다. 전혀 무너지지 않을 것 같던 강고한 구체제가 어느 날 문득 허물어질 때, 불가능하게 보이던 일이 불현듯 이루어졌을 때 인간은 희열을 느낀다. 사람에 대한 희망을 품게 된다. 4·19가 그랬고 6월 항쟁이 그랬다. 2016년 '대통령 탄핵' 촛불혁명도 그랬다.

촛불이 들불이 되기 위해서는 섭씨 100도의 물처럼 결정적인 순간이 필요하다. 4·19는 최루탄이 얼굴에 박힌 채 마산 앞바다에서 떠오른 고교생 김주열의 시신이 도화선이 됐고 6월 항쟁은 대학생 박종철 고문치사 사건이 도화선이 됐다. 촛불혁명은 이화여대 학내 사태가 그 불쏘시개 역할을 했다. 2016년 여름, 86일간의 그 뜨거웠던 이화여대 투쟁을 이야기하지 않고 '대통령 탄핵'을 논할 수 없다. 시작은 직장인을 대상으로 한 평생교육 단과대학인 '미래라이프대학' 신설 때문이었다.

학생들은 '대학 학위를 돈 받고 팔 수 없다.'라며 본관 점거 농성에 들어갔다. 학교 측은 이에 맞서 경찰에 도움을 요청했고 1천 600여 명의 경찰 병력이 학내에 투입됐다. 여론이 이화여대 사태를 주목하게 된 시점이다. 그 과정에서 비선 실세 최순실의 존재와 그의 딸 정유라의 부정입학 의혹이 제기됐고 광화문 촛불집회로 확산됐던 것이다.

소녀시대의 〈다시 만난 세계〉는 2016년 7월 30일 낮 12시 경찰 진압 작전 직전 이화여대 학생들이 불렀던 노래다. 무더위 속에 본관 점거 농성을 벌이던 200여 명의 학생은 1천 600여 명의 경찰 병력에 맞서 두려움을 떨치고자 〈다시 만난 세계〉를 부르며 서로의 연대를 확인하고 용기를 북돋웠다.

당시 동영상을 보면 좁은 농성장 복도에서 학생들은 서로 팔짱을 끼고 경찰과 대치하고 있다. 학생들은 질서를 유지하자고 당부하고 서로 "사랑해요"라고 고함친다. '알 수 없는 미래와 벽, 바꾸지 않아 포기할 수 없다.'라며 '변치 않는 사랑으로 지켜' 달라고 서로를 격려한다. '수많은 알 수 없는 길 속에 희미한 빛을 쫓아가'고 떨리는 서로의 팔을 붙잡고 '슬픔 이젠 안녕, 언제까지라도 함께 하는 거야'라고 다독인다. 그 세상은 다시 만난 세계, 즉 정의가 바로 서는 새로운 세계인 것이다. 『82년생 김지영』을 쓴 작가 조남주는 소설 『그녀 이름은』에서 경찰 진압 순간, 아수라장이 된 현장을 이렇게 묘사했다.

"학생들은 다급히 스크럼을 짜고 버텼다. 나도 양옆의 학생과 팔짱을 꼈는데 오른쪽 학생이 바들바들 떠는 것이 느껴졌다. 그 팔을 더 꼭 붙잡는데 자꾸 눈물이 났다. 소미가 정신없는 와중에 마스크를 건넸다. 마스크가 눈물에 젖어서 얼굴에 달라붙었고 숨 쉬기가 힘들었다. 하나, 둘, 셋, 어이! 하나, 둘, 셋, 어이! 경찰은 '어이' 소리에 맞춰 학생들을 밀어붙였다. 학생들이 도미노처럼 쓰러져 서로의 위로 깔리고 엉켰다. 나는 넘어지던 누군가의 팔꿈치에 광대뼈를 얻어맞았고, 넘어지며 소미와 팔짱을 끼었던 팔이 뒤로 꺾였다. 사방이 비명소리였다."

_『그녀 이름은』

〈다시 만난 세계〉는 그날 이후 신세대 투쟁가요로 발돋움했다. 사람들은 대학 시위 현장에서 운동가요가 아닌 걸그룹 노래가 불리는 것에 놀랐다. 언론의 평가와 동영상을 접한 사람들의 반응은 대부분 참신하다는 것이었다. 운동가요의 새 모델이 된 것이다.

"시위 현장에서 <다시 만난 세계>를 부르는 이화여대 학생들, 이 하나의 풍경에 사람들은 각자의 방식으로 충격을 받았다. 누군가는 그들 앞에 전경이 서 있는 것에 놀라고 또 누군가는 들려오는 노래가 <바위처럼>이 아닌 것에 놀라고 심지어는 걸그룹 노래인 것에 놀라며 또 다른 누군가는 #세상 발랄(Save Our Ewha 페이스북 페이지 '다만세' 영상 아래 달려 있던 해시태그)한 시위 방식에 놀란다. 또 누군가는 <다시 만난 세계>가 그토록 아름다운 노래인 것을 그 순간까지 몰랐다는 사실에 놀란다. 이 모든 충격의 공통점은 하나의 결론을 불러온다. 세상이, 변했다는 것. 그들의 노래에서 다시 만난 '새로운' 세계를 읽어내는 것이다."

_윤이나, 아이즈(ize) '〈다시 만난 세계〉와 함께 여성들의 시대가 시작되다'

칼럼니스트 윤이나의 분석이다. 이화여대 학생들이 그날 시위에서 2007년 소녀시대 데뷔곡인 〈다시 만난 세계〉 부른 이유는 아무도 정확히 알 수 없다. 단지 밀레니엄 세대인 학생들이 모두 다 외워서 부를 수 있는 노래였기 때문일 것이다.

그렇지만 우연히 시위 현장에서 불리어졌다는 이유만으로 새 시대의 투쟁가가 될 수는 없다. 〈다만세〉에는 사람들을 연대하게 하고 공감하게 만드는 '가사의 힘'이 있었다. 윤이나는 특히 〈다만세〉가 한 철의 인기곡이 아닌 현재형의 노래로 남을 수 있었던 것은 내가 부르지만 동시에 나를 향한 것이라고 느낀 동시대 여성들의 폭넓은 지지가 있었기 때문이라고 강조한다.

사회 곳곳에서 '거친 길'을 걷고 있는 소녀들이 서로를 강해지게 하고 울지 않게 도와줄 존재를 기다리며 끊임없이 노래를 재발견해준 덕분이라는 것이다. "널 생각만 해도 난 강해져, 울지 않게 나를 도와줘"라는 호소에 가장 먼저 달려온 것은 또 다른 젊은 여성들이었다.

"<다시 만난 세계>를 '떼창'한 날로부터 나흘 뒤인 8월 3일, 본관의 재학생들을 지지하는 시위에 참여한 이화여대 졸업생들은 휴대폰 플래시의 빛을 모아 아름다운 연대의 별자리를 만들었다. 그들의 '언니 왔다'라는 네 글자에 학교 밖의 수많은 여성도 지지 의사를 표명하며 또다시 거대하고 느슨한 연대의 고리가 완성됐다."

_윤이나

경찰들의 강제 진압과 '졸업생 언니'들의 연대가 결국 광화문 촛불혁명으로 타올랐다. 작사가 김정배는 〈다만세〉가 달콤한 사랑 노래처럼 들리지만, 소녀들의 두려움 없는 모험에 대한 찬가라고 말했다.

"소녀시대 멤버들의 데뷔곡이라 평범한 사랑 이야기를 쓰고 싶지는 않았다. 이제 막 시작하는 그룹으로서 앞으로 어떤 어려움이 와도 피하지 말고 헤쳐나가라는 메시지를 주기 위해 만들었다."

곡 제목도 새로운 생명을 낳듯, 여성에게는 새로운 세상을 만들어가는 본성이 있는 것 같아, '세계를 다시 만난다.'라는 표현이 자연스럽게 떠올랐다고 말한다. 영문 제목 'Into The New World'는 새로운 세상이 비관적일지라도 뛰어들어 바꾸라는 의미라

이화여대 투쟁 당시 ECC 양측벽에 부착돼 있는 수많은 메시지 스티커들.
아래로부터의 자발적인 참여 선언이었다.

고 밝혔다. 뮤직비디오도 색달랐다. 상대에게 사랑을 속삭이는 대신 댄서, 발레리나, 바리스타, 파일럿, 그라피티 아트 등 소녀 9명이 저마다 꿈꾸는 미래를 향해 도전하는 역동적인 모습을 담았다.

당시 이화여대 시위는 이전 86세대와는 다른 대학가 시위문화를 보여 줬다. 주도자가 없고 비폭력을 지향했으며 정치적 목적을 노리는 외부세력의 개입은 차단됐다. 그리고 운동권 민중가요 대신 〈다시 만난 세계〉 등 모두 공감할 수 있는 대중가요가 불린 것이 큰 차이점이다. 특히 국내 최대 지하캠퍼스인 ECC 양측 벽에 붙어 있던 색색의 수많은 메시지 스티커도 인상적이었다.

물론 여대이기 때문에 가능하기도 했겠지만, 기존의 위압적인 대자보 대신 훨씬 설득력이 있었다. 손바닥보다 작은 크기의 스티커에는 수많은 이화여대생 개인의 의견이 빼곡히 적혀 있었다. 총학생회에 의한 일방적인 전달문이 아닌 아래로부터의 자발적인 참여 선언이었다. 수만 명의 학생이 학교 측의 불통과 독선에 대해 자신의 소신을 밝힌, 알록달록한 연대의 스티커 숲은 아름다웠다. 생기발랄한 투쟁이었다. 생명을 살리는 투쟁, 축제 같은 투쟁, 즐기는 투쟁, 함께하는 투쟁이었던 것이다.

그해 가을부터 초겨울까지 진행된 광화문 촛불 집회에서도 소녀시대의 〈다시 만난 세계〉는 불리어졌다. 이승환, 전인권, 윤도현, 크라잉넛 등 대중가수들도 자신의 노래를 개사해 불렀다. 광장에는 익살과 풍자가 넘쳤다. 물론 〈상록수〉, 〈아침이슬〉 〈임을 위한 행진곡〉 등 1970~80년대 투쟁가요도 불리어졌다.

단지 이제는 서로 배척하지 않고 공존한다는 것이 다를 뿐이다. 공감하고 서로 격려하고 화합할 수 있는 노래면 무슨 노래든지 부를 수 있는 것, 그것이 새로운 집회 문화였다. 대중가요 〈다시 만난 세계〉는 새 시대 투쟁가요가 되었다. '젊은 세대의 아침이슬'이라는 지위를 확보한 것이다. 우리나라 저항가요 역사에 새 장을 연 것이다.

우리나라에서 저항가요는 언제 처음 불리어졌을까. 아마 4·19 혁명이 일어난 1960년대부터였을 것이다. 1950년대는 한국전쟁의 충격으로 그럴 여유가 없었다. 1960년대는 1960년

4·19 시위를 비롯해 1964년 한일회담 반대 투쟁, 1969년 3선 개선 반대 운동 등 굵직한 사건들이 많았다. 그러나 당시에는 운동가요라는 개념이 없었다. 전문가 대부분은 일제강점기 노래인 〈학도가〉 가락에 가사만 바꿔 부른 〈탄아 탄아〉를 우리나라 운동가요의 출발로 보고 있다.

탄아 탄아 최루탄아 / 자유의 광장을 넘보지 마라 / 주책없이 넘보는 최루탄 속에 민족의 영혼은 통곡한다.

원아 원아 정보원아 / 자유의 광장을 넘보지 마라 / 주책없이 넘보는 정보원 속에 / 민족의 영혼은 통곡한다.

봉아 봉아 경찰봉아 / 자유의 광장을 넘보지 마라 / 주책없이 넘보는 경찰봉 속에 / 민족의 영혼은 통곡한다.

_〈탄아 탄아〉, 작사·작곡 미상

1960년대 미국에서는 반전운동과 흑인 민권운동, 그리고 68세대로 대표되는 반문화운동의 물결이 거셌다. 〈우리 승리하리라(We Shall Overcome)〉 〈이 땅은 너의 땅(This Land is Your Land)〉 등으로 잘 알려진, 미국 포크 음악의 양대 산맥인 피트 시거와 우디 거스리의 영향을 받은 밥 딜런과 존 바에즈가 60년대 저항의 아이콘이 된다.

마틴 루터 킹 목사의 연설로 유명한 63년 워싱턴 대행진 때부터 두 사람은 함께 노래하며 시위대에 용기를 줬다. 특히 밥 딜런은 〈바람만이 아는 대답(Blowin' in The Wind)〉, 〈천국의 문을 두드려요(Knockin' on Heaven's Door)〉 등 사회 비판적인 가사를 많이 써 자연스럽게 포크 음악이 저항의 음악으로 인식되는 데 결정적인 역할을 했다.

미국에서 이식된 70년대 한국 포크 음악도 마찬가지였다. 통기타와 청바지, 생맥주로 대표되는 당시 청년문화에서 포크송은 청년세대의 자유와 낭만을 이야기하고 비판 정신을 표현하는 장르로 자리매김했다.

한대수의 〈바람과 나〉, 〈물 좀 주소〉, 〈행복의 나라로〉를 시작으로 김민기의 〈아침이슬〉, 〈친구〉, 〈꽃 피우는 아이〉 등이 이 시절 대표적인 저항가요였다. 특히 '김민기의 페르소나'로 불렸던 양희은은 김민기의 노래 대부분을 맑고 청아하면서도 당당한 목소리로 불러 폭발적인 인기를 끌었는데 찬란했던 1970년대 청년문화의 상징이 됐다. 김민기의 곡은 사회 모순을 고발하는 현실비판적인 가사 때문에 군사정권에 의해 대부분 금지곡으로 지정됐다.

"그의 노래는 방송과 대중매체에서 사라졌고 앨범 또한 전량 압수 폐기되어 음반 진열대에서 사라지자 오히려 찾는 이가 급증했다. 구전으로 노랫가락과 노랫말이 전해졌다. 금지된 그의 노래들은 되레 사회성을 획득하며 민주화 시위 현장에서 그리고 소외된 노동현장에서, 시대를 논하는 각종 모임에서 불멸의 생명력을 가지며 저항가요의 대명사로 확고하게 자리 잡게 됐다."

_『대중음악가 열전』, 최성철

오랫동안 시위 때마다 불리어진 〈아침이슬〉은 운동가요의 최고 명곡으로 사랑받았다. 암울했던 시절의 애국가였던 셈이다. 당시 대학가 시위에서 불리어진 노래는 이들 포크 음악 외에도 〈훌라송〉 〈흔들리지 않게〉 〈오 자유〉 등 진보적인 기독교 운동 계열의 미국 반전가요 번안곡, 그리고 〈진주난봉가〉 〈빼앗긴 들에도 봄은 오는가〉 〈사노라면〉 〈타박네〉 등 민요와 구전가요, 세 갈래였다.

우리들은 정의파다 훌라 훌라 / 같이 죽고 같이 산다 훌라 훌라 / 무릎 꿇고 살기보다 서서 죽길 원한다 / 우리들은 정의파다.

_〈훌라송〉, 작사 작곡 미상

흔들리지 않게 우리 단결해 / 흔들리지 않게 우리 단결해 / 물가에 심어진 나무같이 흔들리지 않게.

와서 모여 함께 하나가 되자 / 와서 모여 함께 하나가 되자 / 물가에 심어진 나무같이 흔들리지 않게.

흔들리지 흔들리지 않게 / 흔들리지 흔들리지 않게 / 물가에 심어진 나무같이 흔들리지 않게.

_〈흔들리지 않게〉, 작사·작곡 미상

〈아침이슬〉과 함께 1970년대 집회에서 가장 많이 불리어진 운동가요는 〈훌라송〉과 〈흔들리지 않게〉였다. 2/4박자 단조의 훌라송은 간단하지만 강렬한 가사로 인해 인기가 많았다. 특히 '독재정권 타도하자 훌라 훌라' 'ㅇㅇㅇㅇ 물러가라 훌라 훌라' 등 시위 상황에 따라 8음절의 구호를 가사로 대체해 누구나 쉽게 따라 부를 수 있는 열린 구조의 운동가요였다. 〈흔들리지 않게〉도 시위대가 궁지에 처했을 때, 혹은 진압 세력에 비해 수적 열세일 때, 서로 용기를 주고 결속을 다져야 할 때 많이 불리어졌다.

1980년대는 진정한 의미의 저항가요가 봇물처럼 쏟아져 나온 시대였다. '1980년 5월 광주'는 모든 것을 바꾸었다. 수많은 죽음을 목격하면서 압제에 맞서 보다 강력하게 투쟁하여야 할 필요성이 대두되었던 시기였다. 이전의 포크송 류의 낭만적이던 가사는 더욱더 직설적이고 투쟁적인 가사로 바뀌었다.

1982년 초 단조의 전투적인 노래인 〈임을 위한 행진곡〉이 전국적으로 퍼져 나갔다. 5·18 광주민주화운동 당시 시민군 대변인으로 전남도청에서 숨진 윤상원과 1979년 노동현장에서 들불야학 선생으로 일하다 숨진 박기순의 영혼결혼식을 위해 만든 〈임을 위한 행진곡〉은 빠르게 부르면 투쟁가요로, 느리게 부르면 비장하고 서정적인 노래로 변모하는, 감정의 수용 폭이 큰 운동권의 명곡이었다.

사랑도 명예도 이름도 남김없이 / 한평생 나가자던 뜨거운 맹세 / 동지는 간데없고 깃발만 나부껴 / 새날이 올 때까지 흔들리지 말자 / 세월은 흘러가도 산천은 안다 / 깨어나서 외치는 뜨거운 함성 / 앞서서 나가니 산자여 따르라 / 앞서서 나가니 산자여 따르라.

_〈임을 위한 행진곡〉, 백기완 시, 김종률 작곡

〈임을 위한 행진곡〉 이후 비슷한 노래들이 쏟아져 나왔다. 두 갈래였다. 한쪽은 〈선봉에 서서〉, 〈오월의 노래 2〉, 〈광주출정가〉, 〈전진하는 오월〉 등 행진곡풍의 전투적인 운동가요로, 다른 쪽은 〈타는 목마름으로〉, 〈청산이 소리쳐 부르거든〉, 〈이 산하에〉 〈그날이 오면〉 등 비장한 서정적 운동가요로 발전해 나갔다.

내 머리는 너를 잊은 지 오래 / 내 발길은 너를 잊은 지 너무도 오래 / 오직 한 가닥 타는 가슴속 목마름의 기억이 / 네 이름을 남몰래 쓴다 / 타는 목마름으로 타는 목마름으로 / 민주주의여 만세.

살아오는 저 푸르른 자유의 추억 / 되살아나는 끌려가던 벗들의 피 묻은 얼굴 / 떨리는 손 떨리는 가슴 치 떨리는 노여움이 / 네 이름을 남몰래 쓴다 / 타는 목마름으로 타는 목마름으로 / 민주주의여 만세.

_〈타는 목마름으로〉, 김지하 시, 이성현 작곡

1980년대는 또 운동가요의 대중화가 본격적으로 시작된 시기였다. 84년 '노래를 찾는 사람들' 1집이 나왔다. '노찾사'는 서울대 '메아리' 이화여대 '한소리' 고려대 '노래얼' 성균관대 '소리사랑' 등 대학가 노래패가 주축이 돼 만든 모임이었다.

'노찾사' 1집은 민중가요 중 심의에 문제가 되지 않을 만한 곡 9곡을 골라 만든 첫 합법 앨범이었다. 그러나 전두환 정권 시절 당국의 압력을 느낀 음반사가 유통시키지 않아 사장되는 불운을 겪었다. '노찾사'는 1987년 6월 항쟁을 거치고서야 본격적인 활동을 하게 된다. 대학교나 시민단체, 노동현장 등을 찾아가 노래를 통해 시대의 아픔을 공유하고 민중들에게 힘과 용기, 위안과 감동을 주었다.

1989년 10월 발매한 '노찾사' 2집 앨범은 기념비적 앨범이 된다. 1990년대 초반까지 100만 장이 넘게 판매됐다. 수록된 〈솔아 솔아 푸르른 솔아〉는 전국 디제이 차트에 90주간 머무는 진기록을 세우기도 했다. 김광석, 안치환, 권진원, 윤선애 등이 다 '노찾사' 출신이다.

정태춘도 80년대 말 운동가요를 이야기할 때 빼놓을 수 없다. 1978년 〈시인의 마을〉을 통해 데뷔한 정태춘은 1988년 전교조 지지 순회공연을 계기로 노래운동가로 변신했다. 1990년에 발매한 정태춘의 7집 앨범 '아, 대한민국'은 수록곡 11곡 중 〈황토강에서〉를 제외하고 모두 공윤 심의를 통과하지 못했다. 그는 사전심의 제도가 부당하다며 심의를 통과하지 못한 10곡을 포함한 불법 음반을 제작해 배포한다. 사전심의 제도에 정면으로 맞섰던 것이다. 결국, 1996년 헌재 재판관 전원일치로 '음반 사전심의제도는 위헌'이라는 판결을 얻어냈다.

1990년대 운동가요는 전환기를 맞는다. 1990년대 초 동구권 붕괴, 구소련 해체 등 사회주의 체제가 몰락하고 우리나라도 문민정부가 들어섬에 따라 대학가 시위는 급속하게 줄어들었다. 반독재투쟁이 사라지고 굵직한 사회적 이슈가 없다 보니 민중가요는 설 자리를 잃고 위축됐다. 신선하고 수준 높은, 새로운 운동가요는 만들어지지 못했다. 1993년 민중가요 최대 히트곡인 노래패 꽃다지의 〈바위처럼〉이 30년 가까이 계속 불리어지는 기현상도 벌어졌다.

IMF 이후 먹고살기 위한 생존투쟁과 제도개선 투쟁이 대세가 되었다. 이들 집회에서 불리는 노래는 대부분 이전 운동가요였다. 식상했다. 그러다 보니 운동가요가 예전만큼 감동과 위안이 되지 못했을 것이다. 새로운 세대는 낡은 것을 거부한다. 집회에서 마땅히 부를 노래가 없었던 대학생들이 다 아는 노래, 모두 공감할 수 있는 노래였던 대중가요 〈다시 만난 세계〉를 '떼창'한 것은 어쩌면 당연한 것이 아닐까. 〈바위처럼〉 같이 사람들의 마음을 사로잡을 수 있는 새로운 저항가요가 나오길 기대한다.

바위처럼 살아가 보자 / 모진 비바람이 몰아친대도 / 어떤 유혹의 손길에도 흔들림 없는 / 바위처럼 살자꾸나.

바람에 흔들리는 건 / 뿌리가 얕은 갈대일 뿐 / 대지에 깊이 박힌 저 바위는 / 굳세게도 서 있으니.

우리 모두 절망에 굴하지 않고 / 시련 속에 자신을 깨우쳐가며 / 마침내 올 해방 세상 주춧돌이 될/ 바위처럼 살자꾸나.

바람에 흔들리는 건 / 뿌리가 얕은 갈대일 뿐 / 대지에 깊이 박힌 저 바위는 / 굳세게도 서 있으니.

_〈바위처럼〉

춥고 시린 삶 가득한 상처의 공간

<에레나가 된 순이> 안다성

그날 밤 극장 앞에서 그 역전 카바레에서 / 보았다는 그 소문이 들리는 순이 / 석유 불 등잔 밑에 밤을 새우면서 / 실패 감던 순이가 다홍치마 순이가 / 이름조차 에레나로 달라진 순이 순이 / 오늘 밤도 파티에서 춤을 추더라.

그 빛깔 드레스에다 그 보석 귀걸이에다 / 목이 메어 항구에서 운다는 순이 / 시집갈 열아홉 살 꿈을 꾸면서 / 노래하던 순이가 피난 왔던 순이가 / 말소리도 이상하게 달라진 순이 순이 / 오늘 밤도 양담배를 피고 있더라.

_〈에레나가 된 순이〉, 손로원 작사, 한복남 작곡, 안다성 노래

시인 김남주(1946~1994)가 70년대 즐겨 불렀던 노래다. 탱고 풍의 이 노래는 아코디언 전주가 신나면서도 슬픔이 깃들어 있다. 〈꿈에 본 내 고향〉을 불렀던 가수 한정무가 1954년 처음 발표한 노래지만 호응을 받지 못하다가 1958년 가수 안다성

이 리메이크해 크게 히트한 노래다. 작사가 손로원은 〈봄날은 간다〉, 〈물레방아 도는 내력〉, 〈백마강〉, 〈비 내리는 호남선〉 등 주옥같은 노랫말로 유명하다. 특히 "연분홍 치마가 봄바람에 휘날리더라 / 오늘도 옷고름 씹어가며 / 산제비 넘나드는 성황당 길에~"로 시작하는 〈봄날은 간다〉 가사는 2004년 시인 100명이 뽑은 '제일 아름다운 노랫말'에 선정되기도 했다.

6·25 전쟁으로 부산으로 피난 온 손로원은 용두산 인근 판잣집 셋방에 살면서 작품 활동을 했다. 그림에도 조예가 깊었는지 때때로 극장 간판을 그리기도 했다. 가사에 나오는 '피난 왔던 항구'는 부산이었을 것이다. 당시 초량동 부산역 건너편에는 일명 '텍사스촌'이라는 골목이 있었다.

미군들을 상대하는 카바레와 맥주홀이 양옆으로 줄지어 있었고 저마다 사연을 안고 이곳으로 흘러들어온 에레나 같은 처녀들이 다리를 꼬고 앉아 양담배를 피우며 호객행위를 하는 모습은 흔한 일상이었다. 가장 번성했던 1970~80년대까지 텍사스촌은 청소년 출입금지구역이었다. 손로원은 아마 이곳에서 미군을 상대로 술과 웃음을 파는 우리 누이들의 애환을 보며 노랫말을 지었을 것이다.

가사에 나오는 것처럼 당시 텍사스촌 인근에는 극장이 많았다. 개봉관이었던 대로변 중앙극장을 비롯해 초량시장 주위로 천보극장 대도극장 초량극장이 밀집해 있었다. 1973년 이소룡 주연의 〈맹룡과강〉을 중앙극장에서 100원 주고 본 기억이 난다. 요즘 영화요금 1만 원과 비교하면 물가는 100배 오른 셈이다.

1950년대 부산역 건너편 중앙극장. 영화라는 환상의 공간의 필요했던 고되고 힘든 시절이었다.

대도극장은 2본 동시상영 극장이었는데 10~20원 했다. 조금 떨어진 좌천동 쪽에는 삼일·삼성극장이, 그리고 남진·나훈아 등 당대 최고 인기가수들의 리사이틀 등 쇼 공연도 겸하는 보림극장이 있었다. 영화관 전성시대였다. 전쟁 뒤 어려웠던 시절, 고되고 힘든 삶을 견디려면 한 번씩 영화라는 환상의 공간에서 위로받는 게 필요했을지 모른다.

김남주는 시인이나 혁명가보다는 전사로 불리길 원했다. 반제국주의 투쟁에 목숨을 걸었던 사람, 직설적인 언어로 유신체제와 군사정권에 온몸으로 맞섰던 사람, 그는 시가 무기가 되기를 바랐다. 그의 짧은 시 〈낫〉은 섬뜩하다. “낫 놓고 ㄱ자도 모른다고 / 주인이 종을 깔보자 / 종이 주인의 모가지를 베어버리더라 / 바로 그 낫으로.” 김남주는 남민전(남조선민족해방전선) 사건으로 1979년 10월 체포되어 9년 3개월간 옥고를 치렀다.

광주 관련 수많은 옥중시는 대부분 이때 쏟아져 나왔다. 담뱃갑 은박지나 우유팩에 날카롭게 간 칫솔대로 눌러쓴 시는 면회객들을 통해 몰래 내보내 졌다. 1980년대 대학가 시위가 벌어질 때면 김남주의 시는 항상 교내 곳곳에 출사표처럼 부착되었다. 1960년대 김수영, 1970년대 김지하가 있었다면 80년대는 김남주의 시대였다.

“그 시절 감옥에서 흘러나온 김남주의 옥중시를 극도의 보안 속에 건네받아 읽을 수 있었다. <권력의 담> <학살> 연작시 등의 시편은 나약과 함께 침체에 빠진 운동권에 일대 충격과 활력을 불어넣어 주었다. 당시 언론은 물론이거니와 그 어떤 지식인도 감히 광주의 참상과 5·18의 진실을 입밖에 꺼낼 수조차 없을 때 그는 죽음을 각오하고 이를 혁명적 언어로 시작화(詩作化)함으로써 압제와 폭력의 어둠 속에서도 해방과 자유를 노래하였다.”

_김경윤 ‘자유와 해방의 시인 김남주’ 『실천문학』 2014년 봄호

1980년대 초 엄혹했던 시절, 그의 시는 한줄기 시원한, 샘이었다. 눈이 있어도 보지 못하고, 귀가 있어도 듣지 못하고, 입이 있어도 말하지 못하던 동토에서 대신 울리는 함성이고 폭로였다. 그의 시를 읽고 사람들은 조금씩 속삭이기 시작했다. 그가 즐겨 불렀던 노래도 사람들은 따라 불렀다. 김종철 자유언론실천재단 이사장은 김남주가 즐겨 부른 〈에레나가 된 순이〉에 대해 회고한다.

"1975년 동아일보에서 강제해직 당한 뒤 번역으로 생계를 꾸리던 나는 1976년 동아자유언론수호투쟁위원회(동아투위)가 주관한 송년회에서 김남주를 처음 만났다. 재야인사 200여 명이 모인 그 행사가 끝나고 젊은이 몇 명이 2차 술자리를 갔다. 술기운이 거나해진 김남주는 <에레나가 된 순이>라는 노래를 구성지게 잘 불렀는데 한국전쟁이 터진 뒤 굶주림에 시달리다가 '미군의 위안부'가 되어버린 처녀들의 애달픈 삶을 그린 유행가였다."

_김종철

1970년대 부산에서 '민주화운동의 산실이자 교육장' 역할을 한 양서협동조합 운동을 주도했고 2020년 현재 해운대서 '북카페 인'을 운영하는 최준영 대표도 김남주의 노래와 시 낭송 모습을 생생하게 기억하고 있다.

"아마 남민전 사건이 터지기 전인 1979년도였을 겁니다. 소설가 황석영이 양서조합 강연 차 자주 부산에 왔는데 그때마다 시인 김남주가 함께

왔습니다. 양서조합은 1978년 중구 보수동 책방골목에서 오픈했는데 강연을 마치면 주로 중앙동 막걸릿집으로 뒤풀이를 갔지요. 황석영은 술이 몇 차례 돌면 항상 허리띠를 풀어 노 젓는 시늉을 하면서 <처녀 뱃사공>를 멋들어지게 불렀습니다. 김남주의 첫인상은 '농사꾼 같다'는 느낌이었지요. 저 사람이 시인인가 싶을 정도였습니다. 그러다 흥이 나면 언제나 칠레의 민중시인 파블로 네루다의 시를 낭송했습니다."

_최준영

당시 김남주가 읊은 네루다의 시는 〈야아, 얼마나 밑이 빠진 토요일이냐〉라는 시였다. 당시 칠레와 한국은 닮아 있었다. 군부독재와 무자비한 공안 통치가 닮았고 시민들의 자유와 기본권이 억압되어 있는 정치상황도 닮았다. 1970년 칠레 인민연합의 살바도르 아옌데가 선거혁명을 통해 첫 사회주의 노선의 대통령으로 당선되었다.

아옌데는 국민들의 전폭적인 지지에 힘입어 토지개혁을 비롯해 진보적인 의료, 교육, 주거정책을 추진하고자 했지만, 기득권층의 반발이 만만치 않았다. 결국, 1973년 9월 11일 피노체트를 주축으로 하는 군부 쿠데타로 아옌데는 대통령궁에서 사살당했다. 피노체트 철권통치 기간 비공식 추산 3만 명 이상이 처형되고 고문당했으며 실종됐다고 한다.

미국은 피노체트 정권을 은밀히 지원했다. 경제적으로는 극단적인 신자유주의 정책을 강요, 노동자, 농민들의 삶은 점점 피폐해져 갔다. 그런데도 사람들은 토요일만 되면 흥청망청 술이나 마시면서 자본주의의 향락을 즐기는 것만 같았다. 한국도 비슷했다. 최 대표는 "사람들이 무신경하게 일상을 즐기는 데 대한 반감과 김남주 시인 스스로에 대한 다짐과 반성으로 네루다 시를 낭송했을 것"이라고 해석했다.

"야아, 얼마나 밑이 빠진 토요일이냐 / 하구 많은 사람들이 움직이고 있는 / 이 매력적인 유성 / 호텔마다 물결치는 발들 / 성급한 오토바이 주자들 / 바다로 달리는 철로들 / 폭주하는 차륜을 타고 달리는 엄청난 부동자세의 여자들.

매주일은 남자들과 여자들과 / 모래에서 끝난다 / 무엇 하나 아쉬워하지 않고 계속해서 움직이고 / 종잡을 수 없는 산으로 올라가고 / 의미도 없이 음악을 틀어놓고 마시고 / 기진맥진해서 콘크리트로 다시 돌아온다.

나는 토요일마다 정신없이 마신다 / 잔인한 벽 뒤에 감금되어 있는 / 죄수를 잊지 않고 / 죄수의 나날은 이미 이름을 갖고 있지 않다 / 그래서 그 엇갈리고 내달리는 웅성거림은 / 바다처럼 그의 주변을 적시지만 / 그 파도가 무엇인지, 축축한 토요일의 / 파도가 무엇인지를 그는 모른다.

야아, 이 분통이 터지는 토요일 / 제멋대로 날뛰고 소리소리 지르고 / 억병이 되게 마시는 / 입과 다리로 철저하게 무장한 토요일 / 하지만 뒤끓는 패들이 우리들과 사귀기를 / 싫어한다고 불평은 하지 말자."

_〈야아, 얼마나 밑이 빠진 토요일이냐〉, 파블로 네루다

김남주는 네루다 시를 한번 나지막하게 낭송하고 나면 곧바로 〈에레나가 된 순이〉를 불렀다. 노래가 무척 슬펐다. 처음에

는 유행가가 아니라 구전으로 내려오는 노래로 생각했다고 최 대표는 회상한다. '양공주의 애환'을 담은, 제국주의를 반대하는 노래라는 것은 나중에 알게 됐다.

김남주는 1988년 12월 석방된 이후 자작시를 집회에서 많이 낭송했는데 가슴 저 밑에서 울분을 모아 고함지르듯 내지르는 발성법으로 유명했다. 특히 〈조국은 하나다〉 〈학살〉 연작시의 낭송은 간담을 서늘하게 할 정도로 절창이었다.

통일운동가 백기완도 시낭송에는 일가견이 있었는데 서로 대비가 됐다. 백기완은 시를 판소리 가락처럼 리듬에 실어 낭송했다. 어떤 때는 천둥처럼 끝없이 높였다가 어느 순간 속삭이듯 조곤조곤하게 읊조렸다.

처절했다가 애절했다가 한 편의 오페라 같은 시낭송이었는데 반해 김남주는 낮게 시작해서 직설적으로 계속 내지르는, 파도처럼 몰아쳐서 창공으로 솟구치는 화법이 인상적이었다. 현재 전해져 오는 시낭송 음반 목소리보다 집회 현장에서 직접 시를 낭송할 때 더 처절하고 격정적이었다.

"학살의 원흉이 지금 / 옥좌에 앉아 있다 / 학살에 치를 떨며 들고 일어선 시민들은 지금 / 죽어 잿더미로 쌓여 있거나 / 감옥에서 철창에서 피를 흘리고 있다 / 그리고 바다 건너 저편 아메리카에서는 / 학살의 원격조정자들이 회심의 미소를 짓고 있다 / 당신은 묻겠는가 이게 사실이냐고.

나라의 국경을 지킨다는 군인들이 지금 / 학살의 거리를 누비면서 어깨총을 하고 있다 / 옥좌의 안보를 위해 / 시민의 재산을 지킨다는 경찰들은

지금 / 주택가에 난입하여 학살의 흔적을 지우기에 광분하고 있다 / 옥좌의 질서를 위해 / 당신은 묻겠는가 이게 사실이냐고. (중략)

보아 다오 파괴된 나의 도시를 / 보아 다오 부러진 낫과 박살난 나의 창을 / 보아 다오 살해된 처녀의 피 묻은 머리카락을 잘려나간 유방을 / 보아 다오 학살된 아이의 눈동자를.

장군들, 이민족의 앞잡이들 / 압제와 폭정의 화신 자유의 사형 집행인들 / 보아 다오 보아 다오 보아 다오 / 살해된 처녀의 머리카락 그 하나하나는 / 밧줄이 되어 너희들의 목을 감을 것이며/ 학살된 아이들의 눈동자 / 그 하나하나는 총알이 되고 / 너희들이 저질러놓은 범죄 / 그 하나하나에서는 탄환이 튀어나와 / 언젠가 어느 날엔가는 / 너희들의 심장에 닿을 것이다."

_〈학살 3〉, 김남주

1980년대 대학가 시위가 시작되면 김남주의 시는 출사표처럼 대자보로 부착되는 단골 시였다. 경찰이 최루탄을 발포하면 학생들은 투석전으로 맞선다. 당시 대학가 인근 주민들은 하루가 멀다고 날아오는 최루탄 연기에 일상생활에 지장이 올 정도로 고통이 심했다. 김남주가 광주항쟁 3주년을 맞아 피를 토하는 심정으로 쓴 시 〈피여 꽃이여 이름이여〉 〈바람에 지는 풀잎으로 오월을 노래하지 말아라〉 〈오월 그날이 다시 오면〉도 그 투석전을 독려하고 투쟁 의지를 고조시키기 위해 격문처럼 많이 낭송되고 부착된 시다.

"내란의 무기 위에 새겨진 / 피의 이름 / 시가전의 바리케이드에서 피어

나는 꽃의 이름 / 자유여 나는 부르지 않으리 / 함부로 그대 이름을.

그대가 한 발자국 전진하면 / 그 뒤에는 피가 강물이 되어 흐르고 / 그대가 한 발자국 물러나면 / 그 앞에는 시체가 산이 되어 쌓이고.

오 자유여 무서운 이름이여 / 나는 부르지 않으리 그대 이름을 함부로 / 내란의 무기 위에서 시가전의 바리케이드에서 / 피의 꽃으로 내가 타오르는 그 순간까지는.”

_〈피여 꽃이여 이름이여〉, 김남주

〈에레나가 된 순이〉는 2014년 서민들의 애잔한 삶을 그린 JTBC 50부작 드라마 ‘유나의 거리’를 통해 다시 사람들에게 각인되게 된다. 주인공 유나(김옥빈 분)는 소매치기이고 그녀를 사랑하는 창만(이희준 분)은 콜라텍 ‘똘만이’로 공무원 시험을 준비하는 순수 청년이다. 유나의 소매치기 선배 양순(오나라 분)은 전직 형사였던 현재의 남편 봉달호(안내상 분)를 만나 흔치 않게 손을 씻은 경우다. 그러나 삶은 녹록지 않다.

노래방을 운영하는 달호는 갑자기 들이닥친 손님들로 노래방 도우미 1명이 모자라자 아내인 양순에게 도우미가 되어 달라고 부탁한다. 양순은 어이없는 부탁에 화를 내지만 손님에게 시달리는 남편을 보고 손님방에 들어간다. 그때 양순이 부른 노래가 〈에레나가 된 순이〉였다. 양순의 처연한 노래에 달호는 방 밖에서 미안함과 안타까움에 안절부절못한다. 분단 한국의 슬픈 현대사가 녹아 있는 노래였다. 양순의 지난한 삶이 고스란히 담긴 슬픈 목소리에 시청자들도 동질감을 느끼며 되레 위로를 받았다.

“순이는 한국전쟁을 겪은 뒤 어찌어찌하다 카바레 댄서가 된 여인이다. 이 여인은 과거엔 ‘석유 불 등잔 밑에 밤을 새우면서 실패 감던’ ‘시집간 열아홉 살 꿈을 꾸면서 노래하던 순이’였다. 이 역전 카바레는 미군을 상대하는 곳일 성싶다. 거기서 이름조차 에레나로 바뀐, 말소리도 이상하게 달라진 순이가 오늘 밤도 춤을 추고 있다. 가끔씩 목이 메어 울기도 하면서 말이다. 곡은 흔치 않은 탱고 리듬이다. 강렬한 탱고 악센트와 트로트의 결합이 도리어 구슬픈 느낌을 준다. 가슴 찡하게 한다.”

_『노래가 위로다』, 김철웅

김철웅은 〈에레나가 된 순이〉에 등장하는 순이는 옛날 우리들의 딸·누이·애인의 통칭이라고 말한다. 박신자의 〈댄서의 순정(김영일 작사, 김부해 작곡)〉처럼 ‘이름도 몰라요 성도 몰라 / 처음 본 남자 품에 얼싸 안겨 / 푸른 등불 아래 붉은 등불 아래 ~’ 춤추는 이름 없는 댄서도 에레나고 김민기의 〈강변에서〉에 나오는 ‘늘어진 어깨마다 휑한 두 눈마다 / 붉은 노을이 물들면 웬지 맘이 설렌다.’라던 퇴근길 어린 공장노동자 순이도 에레나다. 방실이의 〈서울탱고(소산 작사, 방기남 작곡)〉를 추며 ‘내 나이 묻지 마세요, 내 이름도 묻지 마세요/ 이리저리 나부끼며 살아온 인생’이라던 여인도 힘겨운 시절을 함께 견뎌왔던 우리 누이들, 에레나였다.

김남주는 1969년 전남대 선배였던 박석무의 소개로 『창작과 비평』이라는 계간지를 접하게 되고 여기서 칠레의 민중시인 파블로 네루다를 비롯해 하이네·브레히트·푸시킨 등을 알게 된다. 그리고 깊은 동질감을 느끼게 된다. 김남주는 문학 에세이 '불씨 하나가 광야를 태우리라'에서 "그들의 시의 내용과 정서, 현실에 관한 관심과 지향이 나의 그것과 일치했기 때문"이라고 밝힌 바 있다. 김남주는 1988년 출감한 뒤 하이네·브레히트·네루다의 시를 번역한 혁명시집 『아침저녁으로 읽기 위하여』를 출간했다.

"희한한 일이다 그들의 시를 읽다 보면 / 어딘가 닮은 데가 있다 많이 있다 / 나무로 말할 것 같으면 그 뿌리가 닮았다고나 할까 / 소금으로 말할 것 같으면 그 맛이 닮았다고나 할까 / 빛으로 말할 것 같으면 어둠을 밀어내는 그 모양이 닮았다고나 할까 / 나라가 다르고 시대가 다르고 언어가 다르고… / 그러면서도 그들의 시에는 영락없이 쌍둥이 같은 데가 있는 것이다 / 그것은 흙이 타고 밤이 타는 냄새와도 같다 / 그것은 노동의 대지가 파괴되는 천둥소리와도 같다 / 그것은 투쟁의 나무가 흘리는 피의 맛과도 같다 / 한마디도 말하자 그들의 시에는 / 인간이 있는 것이다 육체를 가진 인간이 있고 / 인간과 인간 사이를 원수지게 하기도 하고 동지이게 하기도 하는 / 물질이 있는 것이다 그 깊이와 역사가 있는 것이다 / 거기에는 꽃이 있고 이슬이 있고 바람의 숲이 있되 / 인간 없는 자연 따위는 없다 거기에는…(하략)"

_〈그들의 시를 읽고〉, 김남주

김남주는 "왜 이 나라에서 쓰인 시에는 현실의 비인간적인 대상에 대한, 압제와 착취에 대한 적극적이고 직정적이고 전투적으로 대응한 시가 없을까?" "왜 이 땅의 시인들은 그들이 관심과 애정을 가지고 있는 민중들의 삶과 그 정서를 소극적이고 방관자적이고 소시민적인 의식으로만 노래하는가?"라고 의문을 제기한다. 김남주는 민중의 정서와 행동을 있는 그대로 노래하고 지식인으로서 자기의식의 체에 거르지 않은, 직설적인 시를 쓰기로 다짐한다. 행동하는 시, 실천하는 시를 민중들의 투박한 정서와 거칠기 짝이 없는 행동 그대로 담아 노래하기로 결심한다.

〈에레나가 된 순이〉는 민중가요가 많이 없을 때인 70년대 나름대로 의식이 있는 노래라서 김남주가 불렀을 것이다. 그러나 80년대를 지나면서 수많은 민중가요가 봇물처럼 나와 집회 현장에서 불렸는데 김남주의 시도 노래로 수없이 많이 작곡됐다. 〈노래〉〈함께 가자 우리〉 등 대부분 서정적인 선율 속에 비장함과 따뜻함이 공존하고 있다. 머슴살이하던 아버지와 '주인집 애꾸눈 딸' 어머니 사이에서 태어난 김남주는 1994년 췌장암으로 세상을 떠났다.

너와 나 함께라면 웃을 수 있으니까

<You Never Walk Alone> BTS

예 신은 왜 자꾸만 / 우릴 외롭게 할까 / Oh No No No No No No / 예 상처투성이일지라도 / 웃을 수 있어 함께라면 / 홀로 걷는 이 길의 끝에/ 뭐가 있든 발 디뎌볼래 / 때론 지치고 아파도 / 괜찮아 니 곁이니까 / 너와 나 함께라면 / 웃을 수 있으니까 / 예 날고 싶어도 내겐 날개가 없지 / But 너의 그 손이 내 날개가 돼 / 어둡고 외로운 것들은 잊어볼래 / 너와 함께 / 이 날개는 아픔에서 돋아났지만 / 빛을 향한 날개야 / 힘들고 아프더라도 / 날아갈 수 있다면 날 테야 / 더는 두렵지 않게 / 내 손을 잡아 줄래 / 너와 나 함께라면 / 웃을 수 있으니까 / 내가 선택한 길이고/ 모두 다 내가 만들어낸 / 운명이라 해도 / 내가 지은 죄이고 / 이 모든 생이 내가 치러갈 / 죗값일 뿐이라 해도 / 넌 같이 걸어줘 나와 같이 날아 줘 / 하늘 끝까지 손닿을 수 있도록 / 이렇게 아파도 너와 나 함께라면 / 웃을 수 있으니까.

Ayy I never walk alone / 잡은 너의 손 너의 온기가 느껴져 / Ayy

You never walk alone / 나를 느껴봐 너도 혼자가 아니야 / Come on/ Crawl crawl crawl crawl it / like it like that / Baby Walk walk walk walk it / like it like that / Baby run run run run it / like it like that / Baby fly fly fly fly it/ like it like that / 이 길이 또 멀고 험할지라도 / 함께 해 주겠니 / 넘어지고 때론 다칠지라도 / 함께 해 주겠니 / Ayy I never walk alone / 너와 나 함께라면 / 웃을 수 있으니까 / Ayy You never walk alone / 너와 나 함께라면 / 웃을 수 있으니까 / 너와 나 함께라면 / 웃을 수 있으니까.

_〈You Never Walk Alone〉, Pdogg, 방시혁, RM, SUGA, j-hope. Supreme Boi 작사·작곡, 방탄소년단 노래

"BTS가 내 인생을 바꿨어요." "절망이 밑바닥에서 가장 외로울 때 BTS 노래가 위로가 되었어요." "꿈을 포기하지 말라고, 져도 괜찮다고 말해줘서 고마웠어요." "상처투성이의 나 자신을 되돌아보고 사랑할 수 있는 용기를 줘서 감사해요." 아미(ARMY)라고 불리는 전 세계 방탄소년단(BTS) 팬들이 SNS에 남긴 고백이다.

10대, 20대 청춘들은 BTS를 통해 꿈과 희망을 찾았다고, 살아갈 힘을 다시 얻었다고 말한다. 자신들의 아픔과 부족함을 알아주고 다독여 주는 방탄소년단에 열광하는 것이다. 같은 외로움, 같은 고민을 하고 있는 또래 방탄소년단의 노래에 아미들은 언어와 인종을 초월해 동질감을 표시하는 것이다. 예전의 비틀스가 그랬듯이 BTS도 청춘들에게 공감과 연대의 아이콘으로 우뚝 선 것이다.

BTS는 데뷔 5년 만에 세계적인 아이돌 그룹으로 급부상했다. 아시아 변방의 비영어권 보이그룹이 자국의 언어로 미국 팝음악시장의 중심에 선다는 것은 이전에는 상상조차 할 수 없는 일이었다. BTS는 2018년 미국 앨범 판매량 전체 2위(1위는 미국 가수 에미넴), '빌보드 200' 차트에 한 해 2장의 앨범 1위 진입(미국 팝 역사상 18팀에 불과)에 이어 마침내 2020년 '빌보드 핫100' 1위라는 신화를 썼다. 언론들도 '21세기 비틀스'라는 극찬을 보낸다.

어떻게 이런 일이 벌어졌을까. 많은 전문가는 하나같이 탁월한 라이브 실력과 파워풀한 칼 군무, 진정성 있는 가사로 세계 청춘들의 마음을 사로잡았기 때문이라고 분석한다. 거기에다 팬들과의 소통이 남달랐다는 점이 결정적이었다고 입을 모은다. 한마디로 '공감 능력'이 뛰어나다는 것이다.

음악적인 면부터 보자. 방탄은 어떻게 세계적인 팬덤을 형성했을까. 피와 땀, 눈물을 쏟아 노래와 춤 실력을 최정상급으로 만든다고 모두 월드스타가 되는 것은 아니기 때문이다. 실마리는 진정성 있는 가사였다. 물론 트렌디하고 중독성 강한 리듬과 멜로디로 아미들의 귀를 먼저 사로잡았지만 멤버 7명의 가슴속 이야기를 솔직하게 써 내려간 가사에서 팬들은 위로와 감동을 받았다. 즉 방탄의 이야기가 곧 아미 자신들의 이야기였기에 더 환호했던 것이다. 같은 꿈을 꾸고 같은 슬픔과 아픔을 노래하는 친구 같은 그룹이 된 것이다. 가사에 진심이 담겼다는 이야기다.

"그들은 그들이 하고 싶은 말이 있었다. 그리고 가장 정확하고 흔들림 없이 그들의 목소리를 내고 있다. 결국 사람의 마음을 이끄는 것은 진심이다. 자신들의 이야기로 진심을 다해 전한 메시지, 이것이 BTS 음악의 전부이며 세계의 아미가 그들에게 응답한 이유이다. … 자신들이 가장 잘할 수 있는 말로 자신들이 가장 잘할 수 있는 자신들의 이야기를 노래한다. 그리고 본인의 이야기를 바탕으로 보편적인 감성을 전하며 세계인을 위로한다. 진심은 전해졌고 노력은 통했으며 세계가 공감했다."

_네이버 블로그 '바닷별'

2017년 2월 발매된 윙스(WINGS) 스페셜 앨범 끝부분에 수록된 〈You Never Walk Alone〉은 BTS 모든 음악의 주제곡 같은 노래다. 강렬한 랩과 서정적인 멜로디가 혼재된 이 노래는 '인간은 외롭다. 그렇지만 너는 혼자가 아니다. 우리는 함께 있다. 그래서 웃을 수 있다'가 핵심이다. 모든 혼돈은 근원적 외로움에서 비롯된다.

"신은 왜 자꾸만 우릴 외롭게 할까"라는 첫 구절처럼 그 외로움은 타고난 것이다. 인간이 어찌할 수 없는 것이다. 상처투성이 삶이지만 "홀로 걷는 이 길의 끝에 뭐가 있든 발 디뎌 볼래" "어둡고 외로운 것들은 잊어볼래"라며 인내하며 몸부림치는 것이다. 그때 BTS는 함께 걷자고 손을 내민다. 손을 맞잡으면 서로의 온기가 느껴지고 혼자가 아니라는 느낌을 받을 거라고 속삭인다. 지치고 아파도 함께라면 괜찮다고, 하나! 둘! 셋! 외치다 보면 웃을 수 있을 거라고 말한다.

아미들은 위로를 받고 그 힘으로 다시 BTS 멤버들을 위로한다. 위로를 주고받는 관계가 된다. 정서적 연대, 이보다 더 돈독한 관계는 없다. 이러한 공감과 연대는 초창기 '학교 3부작'에서부터 20대 청춘을 노래한 '화양연화' 시리즈, 2018년 완결된 'LOVE YOURSELF' 시리즈, 그리고 2020년 삶은 계속된다는 주제의 타이틀곡 〈Life Goes On〉이 수록된 'BE'까지 일관되게 흐르는 주제인 것이다.

아이도 아니고 성숙한 어른도 아닌, 그래서 모든 것이 서툴고 어설픈 청춘들에게 BTS는 노래한다. 힘들고 어렵더라도 용기를 잃지 마, 조금 뒤처진다고 불안해하지 마, 미래에 대해 너무 걱정하지 마, 너만 그런 게 아니야, 나도 그렇다고. 모든 인간은 그런 거라며 때로는 격렬한 랩으로, 때론 애절한 목소리로 아미들을 다독인다. 그리고 자신을 사랑하라고 말한다, 그래야 남을 사랑할 수 있는 거라고, 부족해도 괜찮다고 위로한다. 있는 그대로의 자신을 사랑하라고 노래하고 또 노래한다. 청춘들이 BTS에 열광하는 이유다.

역동적인 안무에도 흔들림 없는 가창력은 BTS의 가장 큰 트레이드마크다. 여기에다 시대와 세대를 앞서가는 통찰력 있는 가사 쓰기가 더해져 시너지를 발휘했다는 점이다. 'BTS를 철학하다'의 저자 차민주는 BTS를 '은유의 마법사들'이라고 칭한다. 은유는 기본적으로 이질적인 것들을 연결시키는 힘이다. 즉 이질적인 것에서 공통점을 찾아내는 능력인 것이다. 결국, 은유는 창의성의 본질이라는 설명이다.

"우리는 가끔 은유로 이루어진 아름다운 명언이나 시구(詩句)를 통해 살아갈 힘을 얻습니다. 이런 문장들은 개념을 환하게 빛나게 하며 뿌옇던 상황을 명확히 정리해주고 그 결과로 세계 속에서 인간의 실현을 도와 더 살아나갈 힘을 줍니다."

_『BTS를 철학하다』

차민주는 〈바다〉라는 노래를 예로 들었다. 문장 전체가 은유인 경우였다. "어찌어찌 걸어 바다에 왔네 / 이 바다에서 난 해변을 봐 / 무수한 모래알과 매섭고 거친 바람 / 여전히 나는 사막을 봐 / 내가 닿은 이곳이 진정 바다인가 아니면 푸른 사막인가."(LOVE YOURSELF 承 'HER' 히든트랙 '바다' 중에서) 보통 사막이라는 이미지는 황량함과 상실, 절대 고독을 상징한다. 류시화의 '시로 납치하다'에 실려 있는 오스텅스 블루의 〈사막〉이라는 시를 보면 극명하게 알 수 있다.

"그 사막에서 그는/ 너무도 외로워/ 때로는 뒷걸음질로 걸었다/ 자기 앞에 찍힌/ 발자국을 보려고."

_〈사막〉, 오스텅스 블루

〈사막〉이 통찰과 직관을 이용한 시라면 〈바다〉는 은유를 활용한 가사였다. 〈사막〉은 외로움의 밑바닥까지 간 사람이 뒷걸음질로 걸어서 자기 앞에 찍힌 발자국이라도 보려는 눈물겨운 생의 의지를 직관적으로 표현한 시인데 반해 〈바다〉는 목표한

곳까지, 겨우 왔지만 매섭고 거친 바람이 부는 그 해변에서 되레 사막을 본다는 상징이 담겨있다.

삶의 목표에 우여곡절 끝에 도달했을 때 우리의 자세는 어떠해야 하는지 생각하게 만드는 가사다. 작곡가 구자형은 『BTS, 어서 와 방탄은 처음이지』라는 책에서 "푸른 물결 넘실거리는 그 바다에서 사막을 본다는 것은 모든 성취를 버리는 것이다. 그것은 지나간 것이기 때문"이라고 해석한다. 오늘은 오늘의 성취가, 내일은 내일의 성취가 필요하다는 것이다. 구자형은 "어제의 성취에 기대는 순간 그것은 죽음이 된다."라며 방탄 스스로 자신들을 절망으로 밀어 넣는다고 말한다.

바다라는 희망을 사막이라는 절망과 시련으로 인식하는 순간 BTS는 영원한 도전자가 되는 것이다. 도전자에게는 다시 희망이 있고 목표가 있으니까 말이다. 이런 은유와 상징은 방탄 뮤직비디오 곳곳에서 사용되고 있다. BU(BTS Universe), 즉 BTS 세계관은 이렇게 만들어진다. 방탄의 모든 뮤비는 서로 연결돼 있으며 이야기의 보물창고 같다. 아미들은 한편의 추리소설을 읽는 즐거움을 느끼는 것이다.

"날지 못한다면 뛰십시오. 뛰지 못한다면 걸으십시오. 걷지 못한다면 기십시오. 무엇을 하든 가장 중요한 것은 앞으로 나아가야 한다는 것입니다."

_'1963년 워싱턴대행진 연설' 마틴 루터 킹 목사

〈You Never Walk Alone〉이 담긴 앨범, 즉 윙스(WINGS)는 청춘들의 성장 서사를 다룬 앨범이다. 헤르만 헤세의 '데미안'

을 텍스트로 해 진정한 자아를 찾는 과정을 담았다. "새는 알에서 나오기 위해 투쟁한다. 알은 세계다. 태어나려고 하는 자는 하나의 세계를 파괴하지 않으면 안 된다"라는 데미안의 구절처럼 인간은 누구나 날개를 단 새가 되고 싶어 한다.

〈You Never Walk Alone〉 가사를 보면 나는 날개가 없지만 너의 두 손이 날개가 돼 준다면 같이 날고 싶다고 노래한다. "이 날개는 아픔에서 돋아났지만 / 빛을 향한 날개"라며 힘들고 아프더라고 함께 날아가자고 말한다. 그러면서 뒤에 미국 인권 운동가 마틴 루터 킹 목사의 유명한 구절을 인용해 '기어서라도, 걸어서라도, 뛰어서라도, 혹은 날아서라도' 함께 손잡고 앞으로 나가자고 제안하는 것이다. 똑같은 구절이 윙스 앨범의 〈Not Today〉에도 나온다.

All the underdogs in the world / A day may come when we lose / But it is not today. Today, we fight! / No, not today 언젠가 꽃은 지겠지 / But no, not today 그때가 오늘은 아니지 / No no, not today 아직은 죽기엔 / too good day / No no, not today no no no, not today / 그래 우리는 EXTRA/ But still part of this world / EXTRA + ORDINARRY 그것도 별 거 아녀 / 오늘은 절대 죽지 말아 빛은 어둠을 뚫고 나가 / 새 세상 너도 원해 Oh baby yes I want it / 날아갈 수 없음 뛰어 Today we will survive / 뛰어갈 수 없음 걸어 Today we will survive / 걸어갈 수 없음 기어 기어서라도 gear up / 겨눠 총! 조준! 발사!
…

_〈Not Today〉, 중에서

〈Not Today〉는 강렬한 사운드와 입체적인 비트가 돋보이는 가장 BTS다운 노래다. 가사도 직선적으로 솔직하고 뮤직비디오 속 군무도 절도 있고 스케일이 크다. 언젠가 꽃은 지겠지만 오늘은 아니다. 언젠가 우리는 죽겠지만 그게 오늘은 아니라는 가사에서 힘이 느껴진다. 사회에서 부적응자로 패배자로 낙인찍혀 있지만, 미래를 두려워하지 말고 강단 있게 오늘을 살아가라는 메시지인 것이다.

킹 목사의 명언처럼 날지 못한다면 뛰고 뛰지 못한다면 걷고 걷지 못한다면 기어서라도 앞으로 나가라고, 그래서 새 세상을 맞이하라고 말한다. 무릎 꿇지 말고 울지 말고 어둠이 올지라도 두려워하지 말라고 노래한다. '빛은 어둠을 뚫고 나간다.'라는 것을 믿는 것이 청춘들의 삶의 자세라고 일러준다.

사회에서 인정받지 못하고 외면당하던 전 세계 수많은 청춘들은 방탄소년단의 이러한 공감과 위로의 노래에 적극적으로 지지와 연대를 표시한다. 수많은 아미들이 '내 편'이 되는 순간이다. 이들이 방탄 열풍의 발화점인 것이다. 2018년 10월 방탄소년단 월드투어 '러브 유어셀프' 뉴욕 콘서트를 보기 위해 며칠씩 노숙을 마다하지 않았던 미국 사회 비주류 아미들의 고백도 마찬가지였다.

"뉴욕 맨해튼에서 만난 아트스쿨 재학생 에일린(18)은 콜롬비아 이민자 집안의 딸이다. 11살 때 심각한 우울증과 불안장애가 있다는 사실을 알았

고 겨울마다 증상이 심해졌다. 지난해 여름엔 상황이 심각해졌다. 그 어둠에 스스로 무너져 갈 때 방탄의 '봄날'을 들었고 '봄이 올 때까지 기다려 달라'는 그들의 애절한 노래에 치유를 받았다. 뉴욕 브루클린 출신 도미니크 잭(23)은 왕따의 피해를, 오하이오 출신 몰리(25)는 뚱뚱한 몸 때문에 작아졌던 자존감을 방탄 노래를 들으며 회복했다고 말했다."

_경향신문 '미국을 흔든 BTS'

끝으로 남달랐던 팬들과의 소통을 살펴보자. BTS가 짧은 시간 내 세계 청춘들의 스타가 된 것은 SNS를 통한 아미와의 소통이 탁월했다는 점이다. BTS의 성공 신화에 가장 중요한 요인으로 꼽힌다. 음악성이 뛰어나다고 비영어권 노래가 미국 팝 음악 시장을 장악할 수는 없기 때문이다. 지금은 모든 가수가 그렇게 하지만 BTS는 2013년 데뷔 초부터 트위터 유튜브 등 SNS를 통해 자신의 일상을 팬들과 공유해 왔다.

하루에도 수차례 트위터에 멤버들 소식과 영상, 사진을 올리고 유튜브 방탄 TV 채널을 통해서는 안무 연습하는 모습이나 무대 뒷이야기, 촬영 비하인드, 좋아하는 음식, 잠자는 모습 등 거의 모든 소소한 일상을 공유해 왔다. 팬들이 아이돌 스타들의 일상을 실시간으로 엿보는 것은 이전에는 거의 없던 일이었다. SNS를 통해 BTS가 아주 친근하게 다가왔던 것이다. 친구나 가족 같은 친밀감이 결국 팬덤으로 발전하게 된 것이다.

"방탄 멤버들이 실시간 동영상 채팅창을 열고 실제로 말을 걸어오기도

한다. 특별한 이야기를 할 때도 있지만, 별일 없이 그냥 팬들이 보고 싶었다며 말하는 경우도 많다. 현실에서 남자친구와 영상 통화하는 느낌과 거의 비슷하다. 그들은 더 이상 무대 위에서만 빛나면서 전혀 다른 세상에 사는 완벽한 스타의 판타지를 생산하지 않는다. 방탄이 생산하는 판타지는 친구처럼 잘 알면서도 친밀한 수평적 판타지다."

_『BTS 예술혁명』, 이지영

'수평적 연대'를 구축한 아미들은 이제 BTS의 뮤직비디오 영상을 감상하는 차원을 넘어 새로운 영상물을 자발적으로 재창조하며 생산하기도 한다. 즉 한국어 콘텐츠를 각 나라 언어로 번역한 영상이나 재미있는 콘텐츠를 모아 재편집한 영상, 그리고 뮤직비디오나 공연을 보는 해외 팬들의 반응을 촬영한 리액션 영상이 그것이다. 방탄소년단이 해외 팬들의 관심을 얻기 시작한 계기가 된다.

"리액션 콘텐츠의 인기 비결은 공감과 재발견이다. 자신과 비슷한 느낌을 받는 다른 팬들에게 공감하면서 그때 감동의 기억을 되살리고 자신과 감정을 나누며 동질감과 편안함을 느낀다. 점차 그 공감을 바탕으로 자신이 몰랐던 사실들에 대한 발견과 재미에 빨려들게 된다."

_『BTS 마케팅』, 박형준

유튜브나 네이버TV에는 BTS 관련 수많은 재창조·재편집 콘텐츠가 넘쳐난다. 아미들은 방탄소년단이 글이나 음악, 영상을 올리면 단 몇 시간 만에, 세계 각국의 언어로 번역한다. BTS가 빌보드 차트에 오르고 AMA(아메리칸 뮤직 어워드) '톱 소셜 아티스트' 상을 2017년부터 4년 연속 수상한 것은 순전히 미국 아미의 노력 덕분이다.

미국 아미들은 '빌보드 핫100'에 방탄 음악을 진입시키기 위해 미국 50개 주에서 체계적으로 지역 라디오 방송 DJ에 방탄을 알리는 캠페인을 전개하기도 했다. 아미들이 이렇게 자발적으로 혹은 헌신적으로 BTS를 알리려고 하는 이유가 무엇일까.

한마디로 방탄이 자기들의 대변자이기 때문이다. 밑바닥에서 온갖 차별과 모멸감을 견디며 정상에 선 방탄의 노래와 삶에서 같은 아픔과 외로움을 느끼고 위로받고 힘을 얻기 때문일 것이다.

방탄소년단은 아미들에게 항상 있는 그대로의 자신을 사랑하라고 말해 준다. 2018년 말 완결한 'LOVE YOURSELF' 시리즈의 주제가 그랬다. 'LOVE YOURSELF' 시리즈는 Wonder(起) Her(承) Tear(轉) Answer(結)로 이루어진 4부작인데 청춘들의 사랑과 아픔, 그리고 성숙의 과정을 촘촘히 보여준다.

4장의 앨범을 통해 만남의 설렘과 두근거림, 이별을 거쳐 가면을 벗고 자신을 사랑하는 소년들의 모습을 담은 것이다. 하루에도 수십 개 가면을 쓰고 다니는 현대인이 자기 자신을 진정 이해하고 사랑한다는 것은 쉬운 일이 아니다. 수많은 시행착오를 견뎌야 하기 때문이다. 내면을 직시한다는 것은 두려운 일이다. 자신의 위선과 단점까지 고스란히 바라보아야 하기 때문이다. 그러나 그러한 고통 없이 자신을 진실로 이해하고 사랑한다는 것은 불가능하다.

'LOVE YOURSELF 轉 Tear'에 수록된 〈전하지 못한 진심〉이란 노래를 마지막으로 듣는다. 진, 지민, 뷔, 정국 4명이 애절하게 부르는 이 노래는 세계적인 DJ 스티브 아오키가 작곡한 곡이다. 초라한 모습을 보여줄 수 없어 가면을 쓰고 널 만나러 가는 안타까운 소년들, 할 수 있는 건 외로움의 정원에 예쁜 너를 닮은 꽃을 피운 다음 니가 아는 나로 숨 쉬는 것이란 노랫말이 아름답다.

외로움이 가득히 / 피어있는 이 garden / 가시투성이 / 이 모래성에 난 날 매었어 / 너의 이름은 뭔지 / 갈 곳이 있긴 한지 / Oh could you tell me / 이 정원에 숨어든 널 봤어 / And I know / 너의 온긴 모두 다 진짜란 걸/ 푸른 꽃을 꺾는 손 / 잡고 싶지만 / 내 운명인 걸 / Don't smile on me / Light on me / 너에게 다가설 수 없으니까 / 내겐 불러줄 이름이 없어 / You know that I can't / Show you Me / Give you Me / 초라한 모습 보여줄 순 없어 / 또 가면을 쓰고 널 만나러 가 / But I still want you / 외로움의 정원에 핀 / 너를 닮은 꽃 / 주고 싶었지 / 바보 같은 가면을 벗고서 / But I know / 영원히 그럴 수는 없는 걸 / 숨어야만 하는 걸 / 추한 나니까 / 난 두려운 걸 / 초라해 / I'm so afraid / 결국엔 너도 날 또 떠나버릴까 / 또 가면을 쓰고 널 만나러 가 / 할 수 있는 건 / 정원에 / 이 세상에 / 예쁜 너를 닮은 꽃을 피운 다음 / 니가 아는 나로 숨 쉬는 것 / But I still want you / I still want you…

_〈전하지 못한 진심〉,

Steve Aoki, RM, Slow Rabbit 작사·작곡, BTS 노래

제3부

가을, 흐르는 강물처럼

길 위에서 너는 이미 풍요로워졌으니

<제비꽃> 조동진

내가 처음 너를 만났을 때 / 너는 작은 소녀였고/ 머리엔 제비꽃 / 너는 웃으며 내게 말했지 / 아주 멀리 새처럼 날으고 싶어.

내가 다시 너를 만났을 때 / 너는 많이 야위었고 / 이마엔 땀방울 / 너는 웃으며 내게 말했지 / 아주 작은 일에도 눈물이 나와.

내가 마지막 너를 보았을 때 / 너는 아주 평화롭고 / 창 너머 먼 눈길 / 너는 웃으며 내게 말했지 / 아주 한밤중에도 깨어 있고 싶어.

_〈제비꽃〉, 조동진 작사·작곡·노래

인생을 종종 여행에 비유한다. 인생이 지상에서의 한바탕 꿈이라면 여행은 낯선 곳에서의 한순간일 것이다. 초록별 지구에서의 아름다운 여행이 인생이다. 인생과 여행은 태어남과 죽음, 떠남과 돌아옴이라는 순환과정도 닮았다. 시작이 있으면 반드

시 끝이 있다. 꽃이 피고 지는 것처럼 세상에 영원한 것은 없다. 인생도, 여행도 그렇다.

사람들은 왜 여행을 떠날까. 여행을 통해 삶을 알 수 있기 때문일 것이다. 물론 일상에서 벗어나 새로운 경험을 쌓기 위해서겠지만 조금 더 생각해 보면 아마 자신을 더 잘 알고 싶어서 떠날 것이다. 내가 누구인지, 왜 사는지 궁금해서 길을 떠나는 것이다. 어쩌면 인생의 의미와 여행의 의미는 같은 물음인지도 모른다. 나를 찾아 떠나는 여행은 여행의 의미인 동시에 인생의 의미이기도 하다.

사람들은 일상의 일이 잘 안 풀리면 훌쩍 여행을 떠나고 싶어 한다. 현실에서 한 발짝 벗어나고 싶은 것이다. 일단 벗어나면 자기 자신을 객관적으로 더 잘 살펴볼 수 있다. 요즘 유행하는 말인 페르소나(Persona), 즉 가면(외적 인격 혹은 사회적 자아)을 벗고 내면의 자아와 마주할 수 있기 때문일 것이다. 어떻게 여행으로 그것이 가능할까. 아마 현실에서 불리는 누구의 부모, 누구의 아들딸, 직장에서의 위치, 친구와의 관계 속의 나 등 타인에게 파악되는 자아가 여행을 떠남과 동시에 벗겨지기 때문이 아닐까. 낯선 곳으로 떠나면 일상의 모든 굴레에서 자유로워진다.

나의 사회적 위치나 만들어진 인격은 사라지고 본래, 나만 남는다. 여행지에서의 나는 벌거벗은 나다. 사회적 지위와 편견, 선입견이 없다. 여행지에서는 사람들이 나를 있는 그대로의 나로 본다. 덕분에 나도 나 자신을 객관적으로 볼 수 있는 환경이 조성되는 것이다. 많은 사람들이 한 번씩 혼자 떠나는 여행이 필요하다고 강조하는 이유다.

오스트리아 태생의 셀프심리코칭 전문가이자 여행칼럼니스트인 카트린 지타는 그의 책 『내가 혼자 여행하는 이유』에서 더불어 살아가는 것만큼 여행을 통해 자신만의 삶에 집중하는 것이 중요하다고 말한다.

"지구가 자전하기를 포기하고 공전만 한다면 태양에 대한 의존도는 더 높아지고 물과 공기의 흐름이 끊기는 것은 물론 생명의 순환도 일어나지 않을 것이다. 반대로 공전을 포기하고 자전만 한다면 태양계에서 떨어져 나와 광막한 우주에서 혼자 살아남아야 할 것이다. 지구에게 공전과 자전이 동시에 이루어져야 하듯이 사람 역시 서로 배려하며 사회 속에서 함께 살아가는 한편 개별적인 한 사람으로 자기만의 삶을 살아가야 한다."

_『내가 혼자 여행하는 이유』, 카트린 지타

물론 함께 여행을 가더라도 각자 새로운 경험과 인식을 얻을 수 있겠지만 아마 제한적일 것이다. 게다가 목적지와 여행 과정이 명확한 패키지 상품에 동참하는 것이라면 진정한 의미의 여행이라고 말할 수 없을지도 모른다.

인생과 여행이 아름다운 것은 그 과정에 어떤 일이 벌어질지 모르기 때문이다. 정해지지 않고 계획되지 않은 길이기에, 다시 말해 모든 가능성이 있기에 아름다운 것이다. 인생은 고해(苦海)라는 석가의 말처럼 그 과정은 대부분 힘들고 고생으로 느껴진다. 그리고 순간순간 환희와 기쁨이 불쑥 찾아왔다 사라진다. 그것이 삶이고 여행이다.

긴 고통 짧은 행복이 인생의 본질이지만 짧은 행복을 오랫동안 유지하려는 것이 인간의 오랜 소망인 것 또한 사실이다. 인간은 행복을 오래 유지하려고 이것저것 소유하지만, 그 욕심으로 인해 더 큰 고통을 받는 것이다.

여행지에서의 소유는 그곳을 떠나는 순간 다 부질없어지기 때문이다. 삶도 마찬가지다. 7년 동안 50개국을 여행한 카트린 지타는 남보다 많이 소유했던 것을 하나씩 버릴 때 참다운 여행이 시작된다고 말한다.

"손에 쥐고 있는 것들을 놓는 것을 두려워하지 말라. 더 많이 가질수록 신경 써야 할 것만 늘어날 뿐이다. 여행지에서처럼 꼭 필요한 것들만 가지고 살아갈 때 우리는 일상에서도 여행자처럼 자유로워질 것이다."

_『내가 혼자 여행하는 이유』, 카트린 지타

〈제비꽃〉은 조동진 3집(1985년 발매)에 수록된 곡이다. 언더그라운드의 대부, 한국의 밥 딜런, 포크계의 음유시인 등으로 불린 조동진(1947~2017년)은 1979년 발매된 첫 앨범 '행복한 사람'으로 공식 데뷔했다. 물론 68년에 쓴 첫 작품 〈다시 부르는 노래〉, 70년 양희은이 부른 〈작은 배〉 등이 히트하면서 이미 작곡가로 이름을 알린 상태였다.

낮고 조용한 목소리, 서정적이면서 한 폭의 수채화 같은 노랫말로 듣는 사람의 마음을 차분하게 만드는 것이 조동진 음악의 매력이다. KBS라디오 PD 조휴정은 그의 책 『고마워요 유행가』에서 집안에 조동진의 낮고 단조로운, 그러나 따뜻한 목소리가 울려 퍼지는 것만으로도 위로가 된다고 말한다.

"저에게 조동진 노래는 일종의 치료제입니다. 뭔가 마음이 어수선할 때, 특별한 일없이 외롭고 기분이 처질 때, 세상의 소음에 지쳤을 때 저는 조동진을 찾아 듣습니다. 몇 번을 다시 듣고 또 듣습니다. 얼핏 생각하면 더 기분이 다운될 것 같은데 오리려 상처 난 마음에 그의 낮은 목소리가 도포되면서 죽어가는 세포가 보슬보슬 일어나는 것 같습니다. 어느 특정한 노래가 그렇다고 할 수도 없습니다. 조동진이면 됩니다."

_『고마워요 유행가』, 조휴정

조동진의 노래에는 흔히 자연에 대한 성찰과 삶에 대한 관조가 녹아들어 있다고 말한다. 조휴정은 조동진의 노래는 세월이 지나도 '올드' 하지 않고 청년다운 신선함을 유지한다고 강조한다. 시간이 지날수록 클래식이 되어 더 격조 높게 들린다는 것이다.

네이버 블로그 '로시난테의 꿈'도 "정신적으로 피폐해질 수 있었던 정치적 혼란기에 그의 음악은 우리의 메마른 정서를 북돋아 주는 그런 음악"이라며 마침표만을 위해 달려가던 우리네 삶에 조동진의 음악은 쉼표 같은 존재였다고 덧붙인다. 대중문화 평론가인 배국남도 같은 입장이다.

"사람들은 음악으로 시를 쓰는 조동진의 노래로 상처를 치유하고 아픔

을 위로받고 자신의 내면을 돌아보며 내일을 살아갈 힘을 얻었다. '좋은 노래는 좋은 마음에서 나온다.'라는 음악적 신념을 평생 견지했던 조동진의 음악은 일회성 관심과 함께 단명하는 유행가의 숙명을 뛰어넘으며 시대와 세대를 관통해 오랫동안 사람들의 마음을 어루만졌다."

_이투데이, '배국남의 직격탄-조동진, 그의 노래로 우리는 행복했다'

조동진은 그의 시집 '우리 같이 있을 동안에(1991년)'에서 "아직 찬 기운이 남아 있는 봄바람 속에서 짧게 흔들리고 있는 그 꽃을 발견하게 되면 반가움과 함께 왠지 애처로운 생각도 든다."라며 마치 꿈 많은 젊음이 갖는 절망감을 보는 듯해 〈제비꽃〉이란 시를 쓰게 됐다고 밝혔다.

제비꽃은 봄이 되면 전령처럼 우리 산하 어느 곳에서도 흔하게 피는 꽃이다. 강남 갔던 제비가 돌아오는 삼짇날 꽃이 핀다고 해서 제비꽃이라 불렀다고 한다. 조동진은 봄이 왔구나 하고 느끼게 해주는 가녀린 제비꽃의 보랏빛이 안타까웠던 모양이다. 수필가 권오분은 제비꽃을 가장 아름답게 표현했다. 조동진의 노래 가사와 닮았다.

"예쁘지만 화려하지 않고, 아름다운 색깔을 지녔으면서도 향기로 주위를 끌려고 하지 않는 소박한 제비꽃. 그러나 그 긴 겨울 추위를 용케도 견디고 아직 사방이 찬바람 소리로 가득할 때, 햇빛이 잠시라도 머무는 양지쪽이면 어느 풀잎보다 먼저 잎을 내고 꽃 피우는 그 모습은 봄마다 나를 눈물겹게 한다. 그리고 게을러지는 나의 생활에 채찍을 가차 없이 가한다."

_〈제비꽃 편지〉, 권오분

〈제비꽃〉은 한 여자의 인생을 담담하게 노래한다. 인간은 태어나고 죽는 것은 모두 공평하게 동일하지만 그 과정, 즉 삶은 제각각이다. 천 명의 사람이 있으면 천 개의 삶이 있는 것이다. 〈제비꽃〉은 희로애락을 겪어 가는 소녀가 한 명의 성숙한 인간으로 변모하는 과정을 노래한 곡이다.

청춘일 때는 세상의 모든 것이 무지갯빛으로 보이고 무엇이든 할 수 있는 축복의 시간으로 보였지만 살아갈수록 인생은 좌절과 고통, 힘든 과정의 연속이라는 것을 깨닫는다. 기쁨은 잠시고 슬픔은 오래 지속되는 것이 인생인 것이다. 성과와 성공만을 바라고 살면 결국 더 깊은 공허와 허탈만 남는다.

〈제비꽃〉은 꿈과 희망, 슬픔과 좌절이 공존하는 냉혹한 현실 속에서 평화롭게 자신의 내면을 관조하면서 충만한 오늘을 살아가라는 메시지를 담고 있다. 텅 빈 듯 가득 채워져 있고 한밤중에도 깨어 있는 치열한 삶, 그러나 따뜻한 시선을 유지하는 삶, 쉬운 일은 아니다. 한때 열정으로 가득했던 문학청년들이 더 이상 시를 쓰지 않고 평범한 직장인으로 살아갈 때 문득 그 순수한 시절을 추억하게 만드는 노래이기도 하다.

〈제비꽃〉보다 더 직설적으로 여행과 인생을 노래한 조동진의 노래는 1집에 실린 〈작은 배〉다. 가사는 "배가 있었네. 작은 배가 있었네. 아주 작은 배가 있었네. 작은 배로는 떠날 수 없네. 멀리 떠날 수 없네. 아주 멀리 떠날 수 없네"가 전부다. 한마디로 '작은 배로는 멀리 떠날 수 없다'라는 것이다. 가사는 단순하지만 노래의 울림은 크다.

인간의 삶을 이보다 더 간결하고 적절히 표현한 시를 본 적이 없다. 인간은 모두 작은 배인데 그래서 멀리 갈 수 없다는 것은 진리고 현실이다. 멀리 갈 수 없기 때문에 모든 갈등과 고통이 존재하는 것이다. 불완전한 삶은 작은 배에서 비롯되는 것이다.

〈작은 배〉는 가사가 단순하고 반복돼서 그런지 자연계의 순환처럼 시작과 끝이 계속 연결되는 듯한 느낌을 받는다. 시작인가 하면 끝이고 끝인가 하면 시작되는 노래다. 70, 80년대 길을 걷다가 이 노래를 조그맣게 부르기 시작하면 끝도 없이 계속 이어졌던 기억이 있다. 기쁨과 슬픔, 희망과 절망이 반복되는 우리 인생을 닮은 노래인 것이다.

우리의 일상도 끊임없이 반복되지만, 목적지가 어디인지 알 수 없는 게 대부분일 것이다. 궁극적으로 어디로 가는지도 모르고, 지금 서 있는 곳이 어딘지도 모르는 것이 삶인 것이다. '실패한 여행이 진짜 여행'이라는 말처럼 역설적으로 진정한 삶과 여행은 목표와 방향이 정해져 있지 않은 것이어야 한다고 말한다.

"무엇을 해야 할지 더 이상 알 수 없을 때, 그때 비로소 진정한 무엇인가를 할 수 있다. 어느 길로 가야 할지 더 이상 알 수 없을 때, 그때가 비로소 진정한 여행의 시작이다."

_〈진정한 여행〉, 나짐 히크메트

터키의 저항시인 나짐 히크메트(1902~1963)가 옥중에서 쓴 시 〈진정한 여행〉의 마지막 부분이다. 앞부분은 우리가 잘 아는 "가장 훌륭한 시는 아직 쓰여지지 않았다. 가장 아름다운 노래는 아직 불려지지 않았다. 최고의 날들은 아직 살지 않은 날들, 가장 넓은 바다는 아직 항해되지 않았고…"로 이어지는 시다. 시의 결론은 결국, 망망대해에서 어디로 가야 할지 모를 때, 막다른 길에 부딪쳐 걷기를 포기해야 할 때 그때가 바로 진정한 여행의 시작이라고 말한다. 인생과 여행은 정해진 것이 아니기 때문에 방황하는 것이 정상이라는 것이다. '20세기 문학의 구도자'라 불리는 니코스 카잔차키스에게 여행은 창조적 영감의 원천인 동시에 역사와 인간 탐구를 위한 순례였다.

『스페인 기행』, 『지중해 기행』, 『러시아 기행』, 『영국 기행』, 『일본·중국 기행』 등 수많은 여행기를 남긴 그는 찬란한 문명 뒤에서 고통받고 신음하는 인간들의 삶에 항상 주목했다. 고통받는 인간들이 자기 삶의 주인이 되는 것을 꿈꾸었던 니코스 카잔차키스, 그는 자유의 핵심은 두려움이 없는 것이라고 말했다.

그에게 있어 자유와 방황은 동의어였던 것이다. 여행을 통해 카잔차키스는 끊임없이 역사의 이면에서 서성거리는 농부, 집시, 그리고 땅의 사람들에게 연민을 보냈다.

진정한 여행이 자신의 본모습을 찾기 위한 것이라면 우리의 삶도 그럴 것이다. 카잔차키스가 역사와 인간에 대한 이면을 탐색하고 모든 인간이 자유인이 되기를 꿈꾸었던 것처럼 조동진도 온갖 희로애락(喜怒哀樂)을 겪은 뒤에도 웃으며 평화롭게 삶을 관조하고 망망대해에서도 좌절하지 않고 앞으로 항해하는 용기를 갖기를 바랐던 것이다.

목표가 무엇인지, 그것이 이룩될 수 있는 것인지는 옛 현자들도 알지 못한다. 단지 오늘을 열심히 살 뿐인 것이다. 요한 볼프강 폰 괴테는 "인간이 여행을 하는 것은 도착하기 위해서가 아니라 여행하기 위해서다."라는 명언을 남겼다. 도착하기 위해서 여행을 시작하면 결국 큰 좌절과 절망만 남기 때문일 것이다.

삶도 마찬가지다. 명문대를 입학하면 더 좋은 직장에 가고 싶고, 돈을 많이 벌면 더불어 명예도 얻고 싶고 권력도 갖고 싶어진다. 하나를 성취하면 또 다른 갈증이 생긴다. 그 갈증이 허탈과 번뇌를 낳고 현실에 만족하지 못하는 삶을 살게 만드는 것이다. 그래서 오늘을 충실하게 살라고 하는 것이다. 어려움과 고통은 늘 있는 것이니 받아들이고 앞으로 나아가라는 것이다.

머물러 있을 수 없기 때문에, 머물면 결국 난파하기 때문에 오늘 움직이고 항해하는 것이다. 작은 배로는 멀리 떠날 수는 없지만 떠날 수는 있는 것이다. 시작을 할 수 있다는 것은 축복이다. 머물지 않고 여행을 떠나는 사람은 행복한 사람이다. 자유인이다. 꼭 필요한 짐만 어깨에 메고 길을 떠난다면 길동무도 만나고 생각보다 걸을만할 수도 있다.

그리스 시인 콘스탄틴 가바티는 트로이 공략 뒤 고향 이타카로 돌아가는 오디세우스의 모험과 위기의 여정을 통해 인생의 진리를 밝힌다. 삶은 이타카 가는 길 위에서 이미 풍요롭게 이루어졌다는 사실 말이다.

언제나 이타카를 마음에 두라 / 네 목표는 그곳에 이르는 것이니 / 그러나 서두르지는 마라 / 비록 네 갈 길이 오래더라도 / 늙어져서 그 섬에 이르는 것이 더 나으니 / 길 위에서 너는 이미 풍요로워졌으니 / 이타카가 너를 풍요롭게 해주기를 기대하지 마라.

이타카는 아름다운 여행을 선사했고 / 이타카가 없었다면 네 여정은 / 시작하지도 않았으니 / 이제 이타카는 너에게 줄 것이 하나도 없구나 / 설령 그 땅이 불모지라 해도 / 이타카는 너를 속인 적이 없고 / 길 위에서 너는 현자가 되었으니 / 마침내 이타카의 가르침을 이해하리라.

_〈이타카〉, 콘스탄틴 카바티

슬픔은 자기 내면으로 가는 차표

<Love Poem> 아이유

누구를 위해 누군가 / 기도하고 있나 봐 / 숨죽여 쓴 사랑시가 / 낮게 들리는 듯해 / 너에게로 선명히 날아가 / 늦지 않게 자리에 닿기를 / **I'll be there 홀로 걷는 너의 뒤에 / Singing till the end 그치지 않을 이 노래 /** 아주 잠시만 귀 기울여 봐 / 유난히 긴 밤을 걷는 널 위해 부를게.

또 한 번 너의 세상에 / 별이 지고 있나 봐 / 숨죽여 삼킨 눈물이 / 여기 흐르는 듯해 / 할 말을 잃어 고요한 마음에 / 기억처럼 들려오는 목소리 / **I'll be there 홀로 걷는 너의 뒤에 / Singing till the end 그치지 않을 이 노래** / 아주 커다란 숨을 쉬어 봐 / 소리 내 우는 법을 잊은 널 위해 부를게.

(다시 걸어갈 수 있도록) 부를게 / (다시 사랑할 수 있도록) **Here i am 지켜봐 나를, 난 절대 / Singing till the end 멈추지 않아 이 노래 / 너의 긴 밤이 끝나는 그날 / 고개를 들어 바라본 그곳에 있을게.**

_〈Love Poem〉, 아이유 작사, 이종훈 작곡, 아이유 노래

코로나 19라는 바이러스성 호흡기 질환이 확산되고 있다. 가벼운 증상으로 끝나는 경우가 대부분이지만 갑자기 악화하여 목숨을 잃기도 한다. 세상이 어지럽고 일상이 흔들리면 사람들은 주변 가까운 사람들을 더 챙기고 의지하게 된다. 서로의 존재를 확인하고 공감과 위안을 받고 싶기 때문이다.

평온한 일상이 얼마나 축복이었는지 문득 깨닫게 되는 것이다. 삶이 위태롭고 앞이 캄캄할 때 우리는 비로소 우리 자신과 주변을 돌아보게 된다. 아이유(IU·1993년생)가 2019년 11월 발표한 〈Love Poem〉도 그런 노래다. 힘들 때 들으면 힘이 되는 노래, 정신없이 달려온 자신을 되돌아보게 하는 노래, 부족하고 보잘것없는 나를 응원하는 노래, 그래서 위로가 되는 노래다.

아이유의 목소리는 카멜레온 같다. 어떤 때는 맑고 청아하지만 어떤 때는 농염하고 도발적이다. 마음을 가라앉히기도 한자리에 못 앉아 있게 하기도 한다. 칭얼대는 어린아이와 성숙한 여인이 공존하는 목소리다. 수채화 같은 유화, 두 가지 색깔의 노래를 아이유는 꾸준히 불러왔다. 〈Love Poem〉 〈밤편지〉가 수채화라면 〈그 사람〉 〈제제〉는 유화 같은 노래다.

어떤 색깔이 아이유의 본 모습인지는 알 수 없다. 단지 두 색깔의 노래 모두 너무 잘 어울리고 잘 소화시킨다는 것이다. 사람들은 보통 드러난 모습과 내면의 욕구가 다른 경우가 많은데 아이유는 이 두 가지를 다 음악으로 표출하고 사는 것 같다.

가면과 속마음의 끝없는 갈등이 인간의 삶이라면 아이유는 노래를 통해 두 마음을 드러내며 산다. 멀리서 보면 희극이고 가까이서 보면 비극인 것처럼 인간의 이중성, 혹은 다층적인 내면을 노래에 담고 있는 것이다.

아이유는 대략 2015년 네 번째 미니 앨범 'CHAT-SHIRE' 때부터 대부분의 노래 가사를 직접 썼다. 아이유의 노래 대부분이 자기 이야기일 수밖에 없는 이유다. 자기의 생각과 감성, 가치관이 가사에 스며들어 있는 것이다.

그런데 내면에서 흘러나오는 그 가사가 돋보인다. 일단 참신하고 재미있다. 사랑과 이별, 꿈과 상처, 그리고 외로움 등 삶에서 느낀 다양한 경험과 독서 등을 통해 얻은 간접 체험을 가사에 잘 녹여낸다. 어떤 때는 진지하게, 어떤 때는 익살스럽게, 가끔은 쓸쓸하게 20대 여성의 시각으로 삶의 여러 풍경을 깔끔하게 담아낸다. 감정을 통제하고 감칠맛 나게 연출하는 능력이 뛰어나다.

아이유의 가사는 꼭 시(詩) 같다. 군더더기가 없고 담백하다. 은유는 섬세하다. 밤에 쓴 편지를 깊은 우물에 넣어둔 뒤 먼 훗날 두레박으로 한 자 한 자 건져 올린 것처럼 절제돼 있다. 사람에 대한 깊은 이해와 위로가 밑바탕에 깔려 있다.

그래서 아이유의 노래를 들으면 마음이 정화되는 느낌을 받는 것 같다. 위로받고 있다는 느낌, 같은 상처와 고민을 공유하고 있다는 느낌, 나만 외롭고 슬픈 것이 아니라는 정서적 연대가 형성되는 것이다. 특히 아이유와 같은 20대 여성이라면 더 절실히 와 닿을 것이다.

〈Love Poem〉은 아이유의 다섯 번째 미니앨범 'Love Poem'에 수록된 같은 제목의 곡이다. 힘들고 고통스러운 하루를 살아가는 N포 세대 벗들에게 건네는 위로의 메시지다. 아이유의 트레이드마크와도 같은 맑고 청아한 목소리가 빛나는 곡이다.

가장 아이유다운 노래, 가사는 쉽고 언제 어디서나 편안하게 들을 수 있는 노래인 것이다. 아이유는 앨범 소개 글을 통해 "해석의 제한에서 가장 자유로운 것이 시가 아닐까. 작자의 순정만 담겨 있다면 어떤 형태든 그 안에선 시적 허용이 된다는 점이 시의 매력"이라며 "앨범 명을 뻔뻔하게 '사랑 시'라고 지어 놓고도 하나도 부끄럽지 않은 이유는 여기 담은 것들은 전부 진심이기 때문"이라고 밝혔다.

〈Love Poem〉에 담긴 아이유의 진심은 무엇일까. 한마디로 내 사랑하는 사람 곁에 함께 있겠다는 것이다. "유난히 긴 밤을 걷는 널" 위해 응원의 노래를 불러 주겠다는 다짐이다. "소리 내 우는 법을 잊은 널" 위해 같이 울어주겠다는 것이다. 다시 걸어갈 수 있도록, 다시 사랑할 수 있도록 손을 잡아 주겠다는 것이다.

그게 아이유의 사랑이다. 사랑하는 사람에게 주는 메시지다. 단지 우는 것만으로도 속이 후련하고 힘이 될 때가 많다. 슬플 때는 충분히 슬퍼하도록 옆에서 말없이 기다려 주는 것도 사랑이다.

아이유는 자신의 노래가 그런 치유의 노래가 되기를 바라는 것이다. 슬픔과 안타까움이 가득한 세상이지만 딛고 일어설 것이라는 의지를 담은 노래, 그래서 자유를 꿈꾸며 오늘의 고통을 견디는 흑인영가 풍의 가스펠 같은 느낌이 드는 것일지도 모른다.

아이유는 부탁한다. 이 노래를 듣고 오늘을 견뎌달라고. 어쩌면 이기적인 자기만의 욕심이겠지만 살아 있어 달라고 말이다.

"사랑하는 사람이 홀로 고립되어 가는 모습을 보는 것은 힘든 일이다. 아무것도 해 주지 못하고 지켜보기만 하는 것이 괴로워 재촉하듯 건넸던 응원과 위로의 말들을, 온전히 상대를 위해 한 일이라고 착각하곤 했다. 하지만 이제는 나의 그런 행동들이 온전히 상대만을 위한 배려나 위로가 아닌 그 사람의 평온한 일상을 보고 싶은 나의 간절한 부탁이라는 것을 안다. 염치없이 부탁하는 입장이니 아주 최소한의 것들만 바라기로 한다. 이 시를 들어 달라는 것, 그리고 숨을 쉬어 달라는 것."

_〈Love Poem〉, 곡 해석 글

아이유는 맑고 청아한 목소리로 사랑하는 사람들의 영혼을 다독인다. 〈Love Poem〉 말고도 사랑하는 사람이 편안히 잠을 잘 수 있도록 반딧불을 선물로 보낸다든지〈밤편지〉, 혹은 그 옛날 무릎을 베고 머리칼을 넘겨주던 행복한 순간을 상상하며 오늘을 꿋꿋하게 살아내자고 노래하기도 한다〈무릎〉. 아이유의 이런 위로와 응원을 담은 록 버전의 발라드에는 역설적으로 그 밑바탕에는 슬픔의 정서가 깔려 있다.

그러나 많은 시인이 말하듯이 슬픔은 행복의 뒤표지다. 슬픔과 행복은 같은 어미를 둔 일란성 쌍둥이인 것이다. 일상의 행복은 슬픔을 통해 깨닫게 된다. 슬픔은 부정적인 감정이 아니다. 자신이 누구인지, 삶이 무엇인지를 생각하게 해주는 긍정의 에너지인 것이다.

시인 신현림은 "슬픔은 자기 내면으로 가는 차표와도 같다."라며 슬픔 없이는 자기 자신을 성찰할 수 없을 것이라고 말한다. 나에게로 다가가려면 슬픔이라는 터널을 통해야 한다는 것이다.

즐거움 속에서는 나를 찾지 못한다. 멈춰 서서 나를 돌아볼 시간이 없는 것이다. 오직 슬픔을 통해서만 상처가 드러나고 눈물을 통해 그 상처와 괴로움이 치유 받는다는 것이다. 인간이 가진 이 근원적인 슬픔은 아마 존재의 유한성 때문에 그럴 것이다.

지상에 있는 모든 생명은 그 끝이 있다. 사라지는 존재인 너와 나는 그래서 지금, 이 순간 같이 머물고 싶다. 그것이 본성이라는 것이다. 아이유는 그래서 함께 호흡하자고, 견디자고 노래한다.

아이유는 욕심이 많다. 가수이자 작사가이면서 가끔 작곡도 한다. 그러면서 지난 10년간 연기도 꾸준히 해왔다. 드라마 〈드림하이〉(2011년)부터 〈최고다 이순신〉 〈예쁜 남자〉 〈프로듀사〉 〈달의 여인-보보경심 려〉를 거쳐 〈호텔 델루나〉(2019년)까지. 연기에 대한 호불호는 갈렸지만 아이유는 포기하지 않았다. 결국, 2018년 〈나의 아저씨〉를 통해 가수 아이유가 아닌 배우 이지은으로 인정도 받았다.

수많은 악플과 시행착오 끝에 지금의 아이유가 된 것이다. 카멜레온 같은, 순수한 듯 농염한 아이유는 이렇게 만들어졌다.

〈Love Poem〉이 아이유의 맑고 순수한 목소리를 담은 노래라면 같은 앨범에 있는 〈그 사람〉은 다른 색깔의 아이유를 담고 있다. 치명적인 여인처럼 도발적이다. 애틋하지만 조르바처럼 자유롭다. 재즈풍의 이 노래는 나른하고 껄렁껄렁한 아이유의 창법과 어우러져 색다른 느낌을 준다.

그 사람에 대한 그리움을 섬세하게 표현한 아이유의 작사도 작사지만 죄었다 풀었다 하는 곡의 전개가 화려하지만 쓸쓸한 기타 독주와 어우러져 일품이다. 그 사람과의 '밀당'을 보는 듯하다.

그 사람 돌아보지 않아요 / 사랑에 약속하지 않고요 / 매일을 춤추듯이 살아서 / 한순간도 그에게 눈 뗄 수 없었나 봐요 / 그 사람 부끄러워 않아요 / 쉬운 농담에 쉬이 웃지 않고요 / 그러다 한 번 웃어 주면 / 아, 난 어쩌지 못하고 밤새 몸달아 했어요

오 날 살게 하던 총명한 말 마디마디 / 겨우 미워해 봐도 잊혀지진 않네요 / 발자국 하나 안 두고 / 어디로 바삐 떠나셨나요

Why do i still love you / Why do i sing about you / Why do i still wait for you / Sing about you say love you / Baby i love you / Why i love you why you

오 날 덥게 하던 / 따뜻한 손 마디마디 / 애써 밀어내 봐도 떨쳐지지 않아

요 / 그림자 한 뼘 안 주고 / 어찌 숨 가삐 떠나셨나요 / 그 사람 마주친 적 있나요 / 여전히 그렇게 그 던가요 / 지금쯤 어디서 어느 누구, 어떤 음악에 / 고고히 춤추고 있을까요

Why do i still love you / Why do i sing about you / Why do i still wait for you / Sing about you Say love you / Baby i love you / why i love you why you.

_〈그 사람〉, 아이유 작사·작곡·노래

〈그 사람〉은 아이유의 절제된 작사 능력이 유감없이 드러난 곡이다. 지금은 떠난 그 사람은 지금도 나의 기억 속에 남아 있다.

그 사람은 무심한 사람, 그러나 하루하루를 춤추듯이 즐기며 사는 사람, 덧없는 사랑을 약속하지 않고 삶에 진지하고 총명한 사람이다. 나를 덥게 하고 내 마음을 송두리째 뺏어간 그 사람을 아이유는 너무 개성 있게 잘 표현한다.

우선 "사랑에 약속하지 않고요"라는 가사. 사람들은 사랑에 빠지면 영원히 사랑할 거라는 약속을 남발한다. 사랑이라는 감정이 영원히 지속될 거라고 쉽게 믿어 버리기 때문이다. 그러나 작은 틈 하나에도 틀어지는 것이 사랑이다. 조금만 서운해도 금방 의심하는 게 사랑이기 때문이다. 매일매일 의심하며 확인하는 것이 사랑이다. 알면서도 속고 속으면서도 사랑이라는 말을 기대하는 게 연인들이다.

아이유의 '그 사람'은 사랑을 약속하지 않는다. 내일의 나를, 내 감정을 모르기 때문에 지킬 수 없는 약속은 애당초 하지 않는 그런 총명한 사람이다. 니체가 말했듯이 영원히 사랑한다는 약속은 모래성 같은 말이다. 그때는 진심이어도 그 말로 곧 상처를 받을 것이기 때문이다.

"행위는 약속할 수 있으나 감정은 약속할 수 없다. 감정은 자신의 의지대로 되지 않기에 그대를 영원히 사랑하겠노라 약속하는 자는 자기 힘에 겨운 것을 약속하는 결과밖에 되지 않는다."

_프리드리히 니체

두 번째로 "그 사람 마주친 적 있나요 / 여전히 그렇게 그던가요"라는 표현. 미워해 봐도 잊혀지지 않고 밀어내 봐도 떨쳐지지 않는 그 사람은 이제 떠나갔지만, 여전히 그가 생각난다. 나와 헤어진 그는 지금 어떻게 살까. 여전히 무심한 듯 총명하고 매일을 춤추듯이 살고 있는지 궁금하다.

아이유는 '그 사람'은 한결같을 거라고 생각한다. 그래서 좋아했기 때문이다. 헤어졌지만 그 사람의 삶의 방식을 인정하고 존경하는 마음을 담았다. 자유로운 영혼의 '그 사람'이 아이유도 자유롭게 만든 셈이다.

〈그 사람〉 같은 농염하고 도발적인 여인의 감성을 담은 노래를 아이유는 꾸준히 불러왔다. 같은 블루스풍의 〈입술 사이〉를 비롯해 힙합이 살짝 가미된 댄스곡인 〈제제〉나 〈레옹〉도 아이유의 나른하고 유혹하는 듯한 창법이 돋보이는 노래다. 2013년에 발표한 〈입술 사이〉는 아이유가 작사하지 않았지만 〈제제〉와 〈레옹〉은 모두 아이유가 작사했다.

흥미로운 듯 / 씩 올라가는 입꼬리 좀 봐 / 그 웃음만 봐도 알아 분명히 너는 짓궂어 / 아아, 이름이 아주 예쁘구나 계속 부르고 싶어 / 말하지 못하는 나쁜 상상이 사랑스러워 / 조그만 손가락으로 소리를 만지네 / 간지러운 그 목소리로 색과 풍경을 노래 부르네 yeah.

제제, 어서 나무에 올라와 / 잎사귀에 입을 맞춰 / 장난치면 못써 / 나무를 아프게 하면 못써 못써 / 제제, 어서 나무에 올라와 / 여기서 제일 어린잎을 가져가 / 하나뿐인 꽃을 꺾어가 / Climb up m e/ Climb up me. (하략)

_〈제제〉, 아이유 작사, 이종훈·이채규 작곡, 아이유 노래

레레 레레레옹 / 레레레 레레레옹 레레레옹 / 레레 레레레 레레 / 눈에 띄게 흰 피부에 입술은 피빨강 / 꼿꼿하게 핀 허리에 새침한 똑단발 / 못된 걸음으로 또 어디를 가나 / 누굴 찾는 것 같아 이 외로운 마틸다.

티키타 리듬에 맞춰 스핀 / 기타 리프 테마는 스팅의 / Shape Of My Heart / 난 나잇값을 떼먹은 남자 / Call Me 레옹 Call Me 레옹 Call Me 레옹 / Call Me Call Call Call Call Call Call Me / 시끄러운 사람들 틈에 / 왜 당신은 조금도 춤을 추지 않나요 / 나 그대가 궁금해 알수 없는 표정의 / 까만 선글라스.

mon cher, Look At Me / 춤추고 싶지 않아 / mon cher, Look At Me / 이유는 캐묻지 말아 / Hey Baby, Look At Me / 슬픈 눈을 들키고 싶지 않아 / 더는 다가오지 말아 (깜빡).

_〈레옹〉, 아이유 작사, 아이유·이종훈 작곡, 아이유·박명수 노래

〈제제〉는 소설 『나의 라임 오렌지 나무』의 5세 주인공 아이 '제제'를 모티브로 했고 〈레옹〉은 영화 〈레옹〉의 여주인공 '마틸다'를 모티브로 해 변주한 곡이다. 두 노래 모두 빠른 템포의 신나는 댄스곡으로 아이유 내면의 잠재해 있는 농염한 끼를 드러낸 작품이다. 〈제제〉를 통해서는 선하면서도 악한 인간의 이중성에 대해, 〈레옹〉을 통해서는 인간의 근원적 외로움에 관해 이야기하고자 한 것으로 보인다.

아이유는 산문을 운문으로 각색하는 능력이 뛰어나다. 긴 이야기를 핵심만 뚝 떼어내 짧은 드라마로 만드는 능력 말이다. 한마디로 새로운 관점으로 재해석하는 능력이 뛰어나다는 것이다. 여기에다 곡에 따라 카멜레온처럼 적절하게 감정을 변주하는 창법도 한몫하고 있다.

순수한 소녀인가 하면 농염한 팜므파탈이 되기도 한다. 10년 가까이 배우 이지은으로 활동하면서 쌓은 삶과 연기에 대한 열정이 그런 풍성한 감성을 갖게 한 것일지도 모른다. 특히 삶에 대해 그녀만의 역설적 관점도 크게 작용했을 것이다.

어느 인터뷰에서 말한 것처럼 '괴로운 프로보다는 재미있는 아마추어로 남고 싶다'든지 '힘들 땐 어떻게 이겨내냐.'라는 질문에 '가끔 져요'라는 답변에 많은 것이 담겨 있다. 받아들이는 삶, 그리고 거기서 머물지 않고 새롭게 자신을 개척하는 삶, 힘들면 한발 물러나지만, 결코, 포기하지 않는 삶, 즐기는 삶, 그것이 아이유의 정체성이다. 그래서 아이유의 노래는 오래 들어도 쉽게 지겨워지지 않는 게 아닐까.

기억할 게 있다면 행복할 수 있어

<When The Love Falls> 이루마

2002년 인기리에 방영된 TV 드라마 〈겨울연가〉, 〈겨울연가〉 하면 남이섬의 아름다운 풍경과 순백의 눈, 그리고 첫사랑이 떠오른다. 평균 시청률 20%대로 한국에서도 폭발적인 인기를 끌었지만, 일본에서 거둔 성과는 상상을 초월했다.

한류(韓流) 열풍의 기폭제가 된 작품이었다. 30~40대 일본 주부들을 TV 앞으로 불러 모은 한국드라마였다. 당시 일본에는 사극이나 젊은 감각의 트렌디 드라마가 주류를 이루고 있어서 주부들이 볼만한 드라마가 거의 없었다.

지고지순한 사랑이나 순애물을 갈망하던 이들의 감성을 한국 드라마 〈겨울연가〉가 건드렸던 것이다. 위성채널에서 시작했지만, 재방 요청 쇄도로 첫 메이저 지상파(NHK) 편성, 애니메이션 제작, 소설 발매 등 엄청난 인기를 끌었다. 드라마의 주요 촬

영지인 남이섬은 오랫동안 일본 주부 팬들의 관광 성지가 됐다.

필자도 〈겨울연가〉를 재미있게 봤다. 특히 드라마 OST가 상당히 인상적이었다. 메인 테마곡이었던 류(Ryu)의 〈처음부터 지금까지〉는 겨울 눈꽃처럼 가슴 아리게 맑고 아름다웠다. 지나간 것에 대한 후회와 청춘에 대한 그리움이 그 노래에 묻어 있었다. 그러다 한 번씩 그 피아노곡도 흘러나왔다. 많이 듣던 멜로디였다.

'어 저 노래가 왜 나오지'라고 순간 생각했다. 광주 〈오월의 노래 2〉를 느리게 연주하면 그 피아노곡이 될 것 같았다. 맑고 슬펐다. 나중에 알았지만, 그 곡은 피아니스트이자 작곡가인 이루마가 연주한 〈When the Love Falls〉였다. 이루마 자신도 이 피아노곡이 광주민주화운동을 추모하고 기억하는 항쟁가였다는 사실을 몰랐다고 훗날 밝혔다.

〈오월의 노래 2〉의 원곡은 1971년 발표된 프랑스 샹송, 미셸 플라레프의 〈누가 할머니를 죽였나요(Qui a Tue Grand'Maman)〉이다. 이 노래가 미국에서 〈When the Love Falls〉라는 제목으로 번안 소개됐고 우리나라에선 80년대 초 작사·작곡 미상의 〈오월의 노래 2〉가 됐다. 광주 항쟁가 중에서도 가장 강렬하고 직설적인 노래인데 느리게 편곡하니 사랑의 상실을 담은 가슴 아픈 연가가 된다.

『노래, 세상을 바꾸다』 저자 유종순은 "이 곡은 플라레프가 자신을 발탁한 라디오 방송국 PD이자 음반회사 프로듀서인 루시앙 모리세의 죽음을 추모하기 위해서 작곡한 곡"이라고 밝힌다. 가사는 '할머니가 소중하게 가꾸던 정원이 개발에 밀려 나무와 꽃과 새들과 함께 사라졌고 그 정원 속에서 가질 수 있었던 여유와 상념의 시간 또한 잃어버렸기 때문에 상심한 할머니가 돌아가셨다.'라는 내용을 담고 있다.

할머니가 살았던 시절에 / 정원에는 꽃들이 만발했었지 / 세월은 흐르고 추억만 남았네 / 너의 손엔 더 이상 아무것도 남은 게 없었지 / 누가 할머니를 죽였나요 / 세월인가, 아니면 무심한 사람들인가요?

할머니가 살았던 시절에 / 가만히 귀를 기울이면 / 나무 위에 가지들이, 가지 위에 나뭇잎들이 / 나뭇잎 위에 새들이 노래했었지 / 누가 할머니를 죽였나요 / 세월인가, 아니면 무심한 사람들인가요?

불도저가 할머니를 죽이고 / 꽃밭을 짓밟았지 / 새가 노래할 곳은 이제 없어 / 이게 당신 마음에 들기 위한 건가? / 누가 할머니를 죽였나요 / 세월인가, 아니면 무심한 사람들인가요?

_〈누가 할머니를 죽였나요〉, 미셸 플라레프 작사·작곡·노래

이 노래 멜로디에다 누군가 광주항쟁의 가사를 붙여 〈오월의 노래 2〉를 만들었다. 80년 광주의 참상을 카메라로 찍듯 사실적으로 묘사해 일부 광주민주화운동 유족들은 부르기를 꺼리기도 한다.

꽃잎처럼 금남로에 뿌려진 너의 붉은 피 / 두부처럼 잘리어진 어여쁜 너의 젖가슴 / 오월 그날이 다시 오면 우리 가슴에 붉은 피 솟네.

왜 쏘았지 왜 찔렀지 트럭에 싣고 어디 갔지 / 망월동에 부릅뜬 눈 수천의 핏발 서려있네 / 오월 그날이 다시 오면 우리 가슴에 붉은 피 솟네.

산자들아 동지들아 모여서 함께 나가자 / 욕된 역사 투쟁 없이 어떻게 헤쳐 나가리 / 오월 그날이 다시 오면 우리 가슴에 붉은 피 솟네.

_〈오월의 노래 2〉, 작사 미상, 작곡 미셸 플라레프

〈누가 할머니를 죽였나요〉와 〈오월의 노래 2〉 그리고 피아노곡 〈When the Love Falls〉는 가사나 제목에 관련성이 없다. 물론 〈누가 할머니를 죽였나요〉와 〈오월의 노래 2〉는 둘 다 죽음을 노래하고 있다. 부정한 권력과 자본에 의해 죽임을 당한 힘없는 자들의 아픔을 노래하고 있다. 〈When the Love Falls〉는 사랑의 부재를 이야기한다.

크게 보면 셋 다 '상실'이라는 주제에 맞닿아 있는 것이다. 잃어버린다는 것, 유한한 인간에게는 가슴 깊은 상처임이 틀림없다. 인생은 한번 지나가고 잃어버리면 대부분 되돌릴 수 없다. 그것이 인간의 근원적인 슬픔이다. 80년 광주에도 되돌릴 수 없는 역사가 있었다. 잘못된 역사를 반복하지 않기 위해 우리는 기억한다. 〈오월의 노래 2〉에 담긴 역사를 다시 본다.

5월 광주의 첫 체계적인 기록물은 1985년에 나온 『죽음을 넘어 시대의 어둠을 넘어』(황석영 기록)라는 책이다. 수많은 목격담과 기록물, 살아남은 항쟁 당사자의 증언 등이 있었지만 당시 군부 치하에서 제대로 정리되지 못했다. 언론에서도 진상을 취재해 보도하기 어려웠던 시절이었다.

당시 광주의 실무 집필진들은 더 이상 항쟁 관련 기록을 미룰 수 없다고 생각하고 새로 피해자와 목격자 인터뷰를 하고 기록을 정리하기 시작했고 세계적인 지명도가 있는 소설가 황석영에게 출판에 대한 책임을 부탁했다. 그때 상황을 황석영은 『죽음을 넘어 시대의 어둠을 넘어』 2017년 개정판 머리말에 밝혀 놓았다.

"나는 광주 후배들의 요청에 의하여 항쟁기록의 출판에 대한 책임을 감당할 것을 기꺼이 수락했다. 당시 정치적 상황으로 보아 구속과 핍박을 각오해야 하는 일이었으나 이는 작가로서 당연한 일이기도 했다. 문병란 시인의 절규와 같은 시 구절인 '죽음을 넘어, 시대의 어둠을 넘어'가 광주항쟁 기록의 제목이 되었는데 이는 식민지 시대 이래 민주화와 통일의 길 위에서 수많은 위기와 장애를 극복해온 우리 민중의 근현대사를 집약해 주는 말이기도 했다."

_『죽음을 넘어 시대의 어둠을 넘어』, 황석영

『한국전쟁의 기원』을 쓴 브루스 커밍스 시카고대 석좌교수는 추천사에서 "광주의 비극은 서울과 워싱턴 두 나라 정치권력의 합동 작품이고 미국이 한국의 군사독재자들을 수십 년간 지원한 결과"라며 미국이 책임에서 자유로울 수 없다고 말했다.

〈오월의 노래 2〉 가사에서 보듯이 광주의 참상은 초기 진압 과정에서 공수부대원들의 과잉진압에서 비롯됐다는 것이 정설이다. 과잉진압이 시민들의 공포심을 자극했고 이들의 공포심이 곧 분노 감정으로 바뀌면서 사태가 커졌다는 것이다.

첫날인 5월 18일부터 공수부대원들의 시위 진압 방식은 상식을 넘어섰다. 시위대 해산보다는 무차별적인 연행이 목적이었다. 동아일보 광주지사에서의 목격담이다.

"옆방에는 허겁지겁 뛰어 올라온 3명의 청년이 숨어 있었다. 공수부대원들이 먼저 그 방을 덮쳤다. 그러자 갑자기 '아이쿠'라는 비명과 함께 '사람 살려요, 살려줘요' 하는 소리가 흘러나왔다. 군인 2명이 얼마나 짓밟고 개머리판으로 짓이겨버렸는지 실신한 상태로 3명이 끌려 나왔다. 머리와 윗옷은 피투성이가 된 채였다."

_『죽음을 넘어 시대의 어둠을 넘어』, 황석영

공수부대원들은 운행 중인 버스도 멈춰 세워 승객이나 행인 가운데 젊은 사람은 무조건 잡아서 팬티만 남긴 채 옷을 벗겨 구타하고 머리를 땅에 처박게 했다. "시위 현장은 순식간에 아수라장으로 변해 버렸다. 그들은 남자든 여자든 가리지 않았다. 무조건 닥치는 대로 서너 명씩 달려들어 곤봉으로 패고 군홧발로 아무 데나 차고 짓밟았다. 공수부대는 마치 '살인면허'를 받은 것처럼 잔인했다." 현장을 취재했던 AP통신 데리 앤더슨 기자도 "이는 사실상 군인들에 의한 폭동이었다."라고 증언했다.

5월 21일 상황은 더 참혹했다. 집단 발포가 있었던 날이었다. 오후 1시 정각 도청 옥상 스피커를 통해 애국가가 울려 퍼지는 것을 신호로 일제히 사격이 시작됐다. 태극기를 들고나오면 총을 쏘아 죽이고 또 태극기를 들고나오면 총을 쏴 죽이는, 시위대와 공수부대 간의 비현실적인 장면이 연출됐다. 시위대도 결국 총을 들었다. 시민군과 총격전을 벌이던 계엄군은 22일 광주 외곽으로 물러가 있다가 27일 새벽 시민군이 모여 있던 도청을 무력 진압했다.

한국인 첫 맨부커 인터내셔널상을 수상한 소설가 한강이 2014년 발표한 광주항쟁 소설 『소년이 온다』에는 당시 도청 상무관의 모습이 묘사돼 있다. 여고생과 양장점 미싱사인 여성이 한 조가 되어 시내에서 시신이 들어오면 절차에 따라 수습하고 있었다.

"선주 누나와 은숙 누나는 베니어합판이나 스티로폼 판에 미리 비닐을 깔아놓고 그 위에 죽은 몸들을 눕혔다. 얼굴과 목을 물수건으로 씻고 헝클어진 머리칼을 가는 빗으로 정돈한 뒤, 냄새를 막기 위해 몸에 비닐을 둘렀다. 그사이 너는 그들의 성별과 어림잡은 나이, 입은 옷과 신발의 종류를 장부에 기록하고 번호를 매겼다. 갱지 쪽지에다 같은 번호를 적어서 가슴께에 핀으로 꽂아놓은 뒤, 얼굴 아래로 흰 무명천을 덮고는 누나들과 힘을 합해 벽 쪽으로 밀어놓았다."

_『소년이 온다』, 한강

유족들은 도청 앞에 사망자 인적사항을 적은 벽보 등을 보고 찾아와 시신을 확인했다. 신원을 확인한 가족들은 오열했다. 유족들은 목화솜으로 코와 귀를 막아주고 깨끗하고 좋은 옷으로 갈아입혔다. 그리고 간단한 추도식을 했다. 그런데 너(소년)는 관 위에 태극기를 반듯이 펴고 끈으로 묶어 놓고 애국가를 불러주는 것이 이상하다고 느낀다.

"군인들이 죽인 사람들에게 왜 애국가를 불러주는 걸까. 왜 태극기로 관을 감싸는 걸까. 마치 나라가 죽인 게 아니라는 듯이. 조심스럽게 네가 물었을 때, 은숙 누나는 동그란 눈을 더 크게 뜨며 대답했다. 군인들이 반란을 일으킨 거잖아, 권력을 잡으려고. 너도 봤을 거 아냐. 한낮에 사람을 찌르고, 그래도 안 되니까 총을 쐈잖아. 그렇게 하라고 그들이 명령한 거야. 그 사람들을 어떻게 나라라고 부를 수 있어."

_『소년이 온다』, 한강

광주광역시 망월동 5·18 국립묘지 구묘역에는 눈물의 묘비명이 많다. 그중 유독 눈길 끄는 묘비명이 있다. '여보 당신은 천사였소. 천국에서 다시 만납시다. -진홍 아빠가' 묘지번호 135 고(故) 최미애 열사. 최미애는 당시 23세로 임신 8개월째인 가정주부였다. 고교 교사인 남편은 학생들 걱정으로 아침부터 시내에 나갔는데 최미애는 남편이 걱정되어 전남대 인근 골목에서 기다리던 중 공수부대원의 총을 맞아 쓰러졌다. 태아는 한참 동안 격렬하게 움직였다. 식구들은 태아라도 살려보려고 인근 병원에 연락했지만, 전화를 받지 않았다. 남편은 오후 늦게 돌아왔다. 그러나 사랑하는 아내와 태아는 이미 죽은 상태였다.

이루마의 〈When the Love Falls〉는 2001년 자신이 2집 앨범 'First Love'에 수록돼 있다. 비 올 때 들으면 가장 좋다는 앨범이다. 이루마의 대표곡 〈River Flows In You〉와 〈Kiss The Rain〉도 들어 있다. 빗방울 소리 같기도 하고 흐르는 강물 같기도 한 멜로디가 첫사랑의 안타까움을, 애절하게 그러나 아름답게 표현하고 있다. 〈겨울연가〉에서 준상은 "기억할 게 있다면 평생 다시 만나지 못한다 해도 행복할 수 있다."라는 유진의 말에 수술을 포기한다. 기억하고 그리워하는 것이 사랑이다. 지금 당장 눈앞에 없어도 추억할 수 있다면 행복할 것이다. 추억이 살아갈 힘이 되기 때문이다. 시인 황동규도 첫사랑에 대한 절창을 남겼다.

"내 그대를 생각함은 항상 그대가 앉아 있는 배경에서 해가 지고 바람이 부는 일처럼 사소한 일일 것이나 언젠가 그대가 한없이 괴로움 속을 헤매일 때에 오랫동안 전해오던 그 사소함으로 그대를 불러 보리라.

진실로 진실로 내가 그대를 사랑하는 까닭은 내 나의 사랑을 한없이 잇닿은 그 기다림으로 바꾸어 버린 데 있었다. 밤이 들면서 골짜기엔 눈이 퍼붓기 시작했다. 내 사랑도 어디쯤에선 반드시 그칠 것을 믿는다. 다만 그때 내 기다림의 자세를 생각하는 것뿐이다. 그동안에 눈이 그치고 꽃이 피어나고 낙엽이 떨어지고 또 눈이 퍼붓고 할 것을 믿는다."

_〈즐거운 편지〉, 황동규

첫사랑은 그리움이자 기다림이다. 모든 사랑은 지나가고 변해

간다. 다시 이루어질 수 없기에 문학이 된다. 아무리 두드려도 열리지 않기에 시가 되는 것이다. 기다림이 사랑의 원동력이 된다.

나의 사랑은 영원할 것이라는, 그 기다림의 자세가 오래 지속될 것이라는 고백이 모든 연서의 핵심이다. 기다림이 나에게는 즐거움이 된다. 고통스러운 즐거움이다. 시인은 퍼붓는 눈이 그치듯이 내 사랑도 언젠가 그칠 것이라고 믿는다고 말한다. 사실상 영원히 안 그칠 것이라는 선언과 다름없다.

시인에게 떠나간 사랑에 대한 그리움은 일상이다. 해가 지고 바람이 부는 것처럼 사소한 일상이다. 그 사소한 것이 연인에게 힘이 되길 바라는 것이다. 그것이 시인의 행복이다. 가슴 아픈 행복이다.

사랑의 완성은 이별이다. 때가 되면 꽃이 피고 꽃이 떨어진다. 자연의 순리다. 그래서 모든 사랑은 그리움과 기다림이 아닐 도리가 없는 것이다. 사랑의 상실과 부재가 더 큰 사랑을 만들어내는 것이다. 이형기의 〈낙화〉는 때를 알기에 더욱 아름답다. "분분한 낙화… / 결별이 이룩하는 축복에 싸여/ 지금은 가야 할 때 / 무성한 녹음과 그리고 / 머지않아 열매 맺는 / 가을을 향하여 / 나의 청춘은 꽃답게 죽는다."

이루마가 연주한 〈When the Love Falls〉처럼 슬프지만, 마음을 정화시켜 준다. 떠날 때를 안다는 것은 쉽지 않다. 꽃이 져야 그곳에서 열매가 맺는다. 그것이 세상의 이치다.

눈물이 없다면 꽃도 없는 거지

<리멘시타> 조니 도렐리

떨어지는 이 물방울에 담긴 의미를 알 것 같아요 / 그곳에는 한 떨기 새로운 꽃이 피어나 / 나비가 날아들겠죠 / 이렇게 넓고 광활한 곳 어딘가에서 / 어떤 이는 나를 생각도 않겠지만 / 누군가는 나를 잊지 않고 있겠죠 / 예, 잘 알고 있어요 / 내 일생이 항상 혼자이진 않겠지만 / 나는 아무것도 아닌 존재라는 것 언젠가는 깨닫겠지요 / 이보다 더 광활하고 무한한 곳에서 / 이 드넓은 하늘 아래서 / 예, 잘 알고 있어요 / 내 일생이 항상 혼자이진 않겠지만.

이 무한한 세상을 예, 잘 알고 있어요 / 내 일생이 항상 혼자이진 않겠죠 / 언젠가 나를 위해서 사랑도 찾겠지만 / 이 무한한 세상 속 나는 아무것도 아닌 존재겠죠 / 이 무한한 세상에서.

_〈리멘시타(눈물 속에 피는 꽃)〉,
돈 바키 작사, 데토 마린 작곡, 조니 도렐리 노래

Io son sicuro che, per ogni goccia / Per ogni goccia che cadra / Un nuovo fiore nascera / Ee su quel fiore una farfalla volera / Io son sicuro che / In questa grande l'immensita / Qualcuno pensa un poco a me/ E non mi scordera, si, io lo so / Tutta la vita sempre solo non saro / E un giorno io sapro / D'essere un piccolo pensiero / Nella piu grande l'immensita / Di quel cielo, si, io lo so / Tutta la vita sempre solo non saro.

nell'immensita, si, io lo so / Tutta la vita sempre solo non saro / E un giorno trovero / Un po' d'amore anc he per me / Per me che sono nullita, nell'immensita.

_〈L'immensita〉

〈리멘시타, L'immensita〉라는 곡을 처음 들었던 때는 1980년대 초였다. 대학 새내기였던 1980년이거나 광복동에서 생맥줏집 알바를 하던 1981년이었을 것이다. 당시 부산대의 중심 거리는 현재의 구 정문이었다. 도서관, 대학극장, 무지개문 등이 다 그쪽에 있었다. 아치형의 무지개문은 인문관과 더불어 부산대의 상징과도 같은 조형물이다.

부드러운 곡선으로 인해 배경이 되는 금정산과 잘 어울렸다. 아늑하고 마음이 포근해지는 건축, 둘 다 한국 현대건축 거장 김중업의 초기 작품이다. 구 정문 왼쪽 아파트촌은 예전엔 하숙촌이었다.

수녀원 옆으로 난 좁은 골목길을 따라 이 일대에는 마산, 창원, 양산, 울산을 비롯해 멀리 남해 진주, 함양 등 서부 경남이나 대구·경북 등지에서 유학 온 자취생들의 보금자리가 다닥다닥 붙어 있었다. 버스가 끊기면 친구 하숙집으로 몰려가 밤새워 함께 술 마시며 '네가 옳니, 내가 옳니' 싸우며 놀았다.

구 정문 인근에는 하숙생들을 위한 백반집이나 저렴한 술집이 많았는데 음악다방도 몇 군데 끼어 있었다. 우리는 입구 쪽에 위치한 '에뜨랑제'라는 커피숍과 아래쪽 사거리 도로변 지하 '영다방'에 많이 갔다.

에뜨랑제가 조금 더 고급스럽고 세련된 음악다방이었다. 주로 데이트를 하거나 미팅을 할 때 갔던 것 같다. 그러나 5월 휴교령이 길어지면서 서클 친구 대부분은 자연스럽게 영다방으로 몰려들었다. 조금 허름했지만, 종일 죽치고 앉아 있어도 주인은 뭐라고 하지 않았다. 누구나 아트박스에 들어가 음악을 틀어도 잔소리하지 않았다.

학교 안을 들어가지 못하니 학교 밖 음악다방이 아지트가 된 것이다. 친구들은 샌드페블즈의 〈나 어떡해〉, 썰물의 〈밀려오는 파도 소리에〉 등 대학가요제 노래나 팝송 샹송 칸초네 등을 닥치는 대로 틀었다. 〈리멘시타〉도 그중 한 곡이었을 것이다. 단지 〈리멘시타〉라는 노래의 한글 제목이 〈눈물 속에 피는 꽃〉이라는 것을 알게 된 것은 다음 해 생맥줏집 알바를 하면서였다. 당시 방송국에도 들락거리던 생맥줏집 DJ가 앨범 재킷을 보여줬다. '눈물 속에 피는 꽃'이라는 제목이 가슴에 팍 박혔다.

눈물 속에 피는 꽃이라니. 그 노래가 다시 들렸다. 웅장한 도입부와 비장함이 풍기는 가곡 풍의 노래, 격렬한 클라이맥스 등으로 그동안은 무심결에 "아 좋다" 하고 들었는데 그 이후로는 새롭게 들렸다. 1980년대 혼란스러운 시대 상황도, 누구나 그렇겠지만 미래가 불투명한 20대 시절 방황도 시간이 지나면 꽃으로 피어날 수 있을 거라고 스스로 다독였다.

그래 눈물 속에 꽃이 피는 거야. 눈물이 없다면 꽃도 없는 거지. 노래를 들을 때마다 위로가 됐다. 사실 노래보다는 그 노래 제목에서 더 힘을 얻었던 것 같다. 눈물이, 고통이, 역경이 있어야 한 송이 꽃을 피워낸다는 것은 누가 봐도 진리였다.

그렇지 않다면 어느 흐린 날, 무수히 흘린 눈물과 불면의 밤들은 무엇으로 보상받을 것인가. 학교 앞 시장통이나 남포동 목로주점에서 친구들은 모두 저마다 노래를 목청껏 불렀다. 나는 송창식의 〈꽃, 새, 눈물〉을 오랫동안 불렀다. 칸초네 〈리멘시타〉의 한국 버전이었던 것이다.

그대의 눈에서 흐르는 눈물 / 한 방울 떨어져서 꽃이 되었네 / 그 꽃이 자라서 예쁘게 피면 / 한송이 꺾어다가 창가에 앉아 / 새처럼 노래를 부르고 싶어 / 지는 봄 서러워 부르고 말아 / 아아 가누나 봄이 가누나 / 아아 지누나 꽃이 지누나.

_〈꽃, 새, 눈물〉, 최인호 작사, 송창식 작곡·노래

눈물과 꽃을 노래하고 있다. 눈물이 떨어져 꽃이 된다는 이미지는 오래된 상징이다. 인간은 그렇게 오늘을 견뎌내고 싶은 것

영화 〈바보들의 행진〉 포스터. 청춘들의 방황과 자유를 그린
이 영화는 20분 정도의 필름이 잘려나갔다.

이다. 침샘암으로 68세라는 비교적 이른 나이에 하늘로 떠난 작가 최인호는 여기에다 새를 덧붙였다.

새처럼 노래를 부르고 싶다고 한다. 새는 자유다. 최인호는 청춘의 자유를, 시대의 자유를 노래하고 싶어 했다. 젊은 시절 최인호는 그랬다. 그가 작사했고 송창식이 작곡해 불렀던 〈고래사냥〉도 마찬가지다. 청춘의 방황과 슬픔, 그리고 자유를 절규하는 노래였다.

술 마시고 노래하고 춤을 춰 봐도 / 가슴에는 하나 가득 슬픔뿐이네 / 무엇을 할 것인가 둘러보아도 / 보이는 건 모두가 돌아앉았네 / 자 떠나자 동

해바다로 삼등삼등 완행열차 기차를 타고.

간밤에 꾸었던 꿈의 세계는 / 아침에 일어나면 잊혀지지만 / 그래도 생각나는 내 꿈 하나는 / 조그만 예쁜 고래 한 마리 / 자 떠나자 동해바다로 신화처럼 숨을 쉬는 고래 잡으러.

우리의 사랑이 깨진다 해도 / 모든 것을 한꺼번에 잃는다 해도 / 우리들 가슴속에는 뚜렷이 있다 / 한 마리 예쁜 고래 하나가 / 자 떠나자 동해바다로 신화처럼 숨을 쉬는 고래 잡으러.

_〈고래사냥〉, 최인호 작사, 송창식 작곡·노래

1970년대 청춘영화의 걸작 〈바보들의 행진〉의 주제곡이기도 한, 이 노래는 억압적 현실에 갇혀 고민하는 대학생들의 아픔과 꿈을 대변해줬다. 그러나 20분가량 가위질당한 채 영화가 개봉되면서 젊은 천재 감독 하길종의 꿈은 좌절되고 말았다.

상업적으로는 성공했으나 감독의 문제의식은 꺾였던 것이다. 하길종은 끝내 꽃을 제대로 피우지도 못한 채 37세에 요절하고 만다. 눈물과 꽃은 모든 예술의 영원한 주제일 것이다. 시인 도종환도 훗날 흔들리지 않고 피는 꽃은 없다는 절창을 남겼다.

"흔들리지 않고 피는 꽃이 어디 있으랴 / 이 세상 그 어떤 아름다운 꽃들도 / 다 흔들리면서 피었나니 / 흔들리면서 줄기를 곧게 세웠나니 / 흔들리지 않고 가는 사랑이 어디 있으랴. …하략…"

_〈흔들리며 피는 꽃〉, 도종환

최근에야 '리멘시타'의 뜻이 '무한'이라는 사실을 알았다. '눈물 속에 피는 꽃'이라는 제목은 의역해서 붙인 제목이다. 1967년 이탈리아 산레모가요제에서 조니 도렐리가 불러 9위로 입상한 곡, 밀바 등 수많은 가수가 부르면서 칸초네 명곡으로 전해져 오는 유명한 곡이다.

〈리멘시타〉의 본래 가사를 보면 이 무한한 세상에서 나는 보잘것없는 존재라는 것, 광활한 우주 속에 혼자이지만 나를 생각하는 누군가가 있을 거라는 믿음, 오늘의 고통은 지나갈 거라는 암시를 주고 있다. 눈물 속에 피는 꽃이라는 제목은 아마, 가사 첫 부분에서 생각해 냈을 것 같다. 떨어지는 물방울의 의미와 물방울이 떨어진 땅에서 새로운 꽃이 피어나 나비가 찾아온다는 구절이 그것이다.

류시화 시인이 엮은 치유와 깨달음의 시집 『사랑하라 한 번도 상처받지 않은 것처럼』에 보면 그 유명한 〈이것 또한 지나가리라〉 원본 시가 실려 있다. 슬픔과 행복에 대한 삶의 자세를 가르쳐 주고 있다.

"어느 날 페르시아의 왕이 신하들에게 / 마음이 슬플 때는 기쁘게 / 기쁠 때는 슬프게 만드는 물건을 / 가져올 것을 명령했다.

신하들은 밤새 모여 앉아 토론한 끝에 / 마침내 반지 하나를 왕에게 바쳤다 / 왕은 반지에 적힌 글귀를 읽고는 / 크게 웃음을 터뜨리면 만족해했다 / 반지에는 이런 글귀가 새겨져 있었다 / '이것 또한 지나가리라'.

슬픔이 그대의 삶으로 밀려와 마음을 흔들고 / 소중한 것들을 쓸어가 버

릴 때면 / 그대 가슴에 대고 다만 말하라 / '이것 또한 지나가리라'.

행운이 그대에게 미소 짓고 기쁨과 환희로 가득할 때 / 근심 없는 날들이 스쳐갈 때면 / 세속적인 것들에만 의존하지 않도록 / 이 진실을 조용히 가슴에 새기라 / '이것 또한 지나가리라.'"

_〈이것 또한 지나가리라〉, 랜터 윌슨 스미스

류시화는 또 〈길 위에서의 생각〉이라는 시에서 "집이 없는 자는 집을 그리워하고 / 집이 있는 자는 빈 들녘의 바람을 그리워한다 / 집을 떠나 길 위에 서서 생각하니 / 삶에서 잃은 것도 없고 얻은 것도 없다 / 모든 것이 빈 들녘의 바람처럼/ 세월을 몰고 다만 멀어져 갔다"라고 지적한다. 그렇게 악착같이 손에 쥐려고 했지만 사랑도 돈도 명예도 한날 바람이었다는 것. 결국, 삶에서 일어나는 모든 일을 받아들이는 자세가 필요하다는 말이다.

"어떤 자는 울면서 웃을 날을 그리워하고 / 웃는 자는 또 웃음 끝에 다가올 울음을 두려워한다." 매 순간 미래를 걱정하는 것이다. 초등학교 시절 교회 주일학교에서 배웠던 노래 "내일 일은 난 몰라요 하루하루 살아요 / 불행이나 요행함도 내 뜻대로 못해요"가 진리가 아닐까 오래 지난 후에 생각했다.

사람들 대부분은 생의 무거운 짐을 내려놓지 못하고 길 위에서 갈팡질팡한다. 류시화는 그래서 가장 아름다운 하늘의 별도 결국 아픔과 상처, 고통의 흔적이라고 노래한다. 별이 아픔이고 아픔이 곧 별이라는 생각이 삶을 살아내게, 견디게 한다는 깨달음이다.

"어렸을 때 나는 / 별들이 누군가 못을 박았던 / 흔적이 아닐까 생각했었다 / 별들이 못 구멍이라면 / 그건 누군가 / 아픔을 걸었던/ 자리겠지."

_〈별에 못을 박다〉, 류시화

받아들이는 것이 삶이라면, 별이 아픔이고 아픔이 곧 별이라면, 그것이 삶이 진리라면 그 진리를 담담히 실천한 사람이 있다. 고통을 하늘의 별로 승화시킨 사람이다. 서른 살에 세계 100대 대학 교수가 된 여자, 인생의 정점에서 갑자기 시한부 암 선고를 받은 여자, 좌절과 분노를 딛고 생의 마지막 2년을 아름답게 살다 간 상하이 푸단대 교수 위지안의 이야기다.

그녀는 온몸에 전이된 암세포 때문에 뼈가 녹아내리는 고통 속에서도 희망을 잃지 않았으며 나날이 새로워지는 자신을 발견하고 '삶의 끝에 와서야 알게 된 것들'을 자신의 블로그에 기록하며 수많은 사람에게 감동과 희망을 안겨줬다.

"사실 내가 이 글을 쓰는 진짜 이유는, 사람들에게 이 말을 꼭 해주고 싶어서다. '그 어떤 고통도 모두 지나간다.' 이별? 지나간다. 마음의 상처? 지나간다. 실패? 다 지나간다. 설령 불치병이라도 모두 다 흘러가는 구름이다. 시한부 인생을 선고받은 뒤 삶의 모든 것이 끝나버렸다고 생각했는데, 아이러니하게도 새로운 삶이 시작되었다. 마치 연말에서 연초로 바뀔 때 초침이 딱 한 칸 움직여 '끝'이 '처음'으로 변한 것처럼 말이다. 끝이라고 여기는 순간, 뒷면에 있던 시작이 다시 앞으로 오는 것처럼."

_『오늘 내가 살아갈 이유』, 위지안

위지안은 삶의 끝에 와서야 전에는 알지 못했던 것들을 알게 되었다고 고백한다. "내려갈 때 보았네, 올라갈 때 보지 못한 그 꽃을"이라는 잠언처럼 남편의 이상한 행동도 그중 하나였다. 뒤늦게 자신을 위한 큰 배려였다는 것을 깨닫고 안타까워했다.

그녀는 어려서부터 유독 추위를 많이 탔다. 여름에도 항상 여벌 옷을 가지고 다니다가 해가 저물 무렵이면 가방에서 카디건을 꺼내 입을 정도였다. 그녀는 박사학위를 받은 뒤 학교 수업 준비를 하다 새벽 2~3시까지 야근하고 집에 올 때가 많았는데 그때마다 남편은 침대의 그녀 자리에서 곯아떨어져 자곤 했다.

오자마자 자려던 그녀의 계획은 매번 틀어진다. 남편은 그녀의 핀잔을 듣고서야 자기 자리로 갔다. 야근할 때마다 그랬다. 짜증을 내도 빙그레 웃을 뿐이다. 그런데 병원에서도 반복됐다. 그녀가 검사받으러 가면 그녀의 병실 침대에 누워 있다 빠져나오곤 했던 것이다. 그녀가 결국 눈치채고 병실에서조차 그런다고 따지니 옆에 있던 간호사가 이런 말을 해줬다.

"조금 아까 침대에 눕는 걸 보고 경고를 했죠. '보호자가 환자 침대에 눕는 건 규정 위반'이라고요. 그랬더니 이렇게 대답하시더군요. '집사람이 유난히 추위를 많이 타기 때문에 내 체온으로 미리 덥혀놓아야 한다'고요."

_『오늘 내가 살아갈 이유』, 위지안

위지안은 벙어리처럼 아무 말도 할 수 없었다. 신혼 시절부터의 모든 일이 파노라마처럼 펼쳐졌다. 사소해 보이는 작은 행동 하나에도 커다란 마음이 담길 수 있다는 삶의 비밀을 알게 된 것이다. 그녀는 마침내 깨닫는다. 주어진 수명이야 자기 의지대로 컨트롤할 수 없겠지만, 살아 있는 순간을 어떻게 누릴지는 얼마든지 컨트롤할 수 있다는 사실을 말이다.

아픔이 꽃이 되는 순간이다. 위지안은 "살 수 있는 날들을 가늠하며 애태우기보다는 눈앞에 주어진 하루를 멋지게 살아가는 것이 훨씬 괜찮은 방법 아닌가? 그런 생각을 갖고 있다면 슬픔마저 힘이 된다."라고 고백했다.

삶이 아름다운 것은 위지안 말처럼 오늘이 있기 때문일 것이다. 살아갈 오늘이 있기 때문에 삶은 아름다운 것이다. 살아갈 오늘이 있기 때문에 눈물이 축복이 된다는 역설이 가능하지 않을까. 시인 이성복은 "우리가 아픈 것은 삶이 우리를 사랑하기 때문"이라고 노래했다. 사랑에는 아픔이 뒤따른다는 것이 삶이 우리에게 주는 메시지다.

결국, 아픔을 받아들이라는 것, 그리고 그 오늘을 감사하며 견디고 살아가라는 것이다. 1996년 노벨문학상을 수상한 폴란드 시인 비슬라바 쉼보르스카도 현재의 삶에 대한 깊은 통찰을 남겼다. '오늘'의 삶은 연습할 수 없다는 것이다.

"두 번은 없다. 지금도 그렇고 / 앞으로도 그럴 것이다. 그러므로 우리는 / 아무런 연습 없이 태어나서 / 아무런 훈련 없이 죽는다 / 반복되는 하루는 단 한 번도 없다 / 두 번의 똑같은 밤도 없고 / 두 번의 한결같은 입맞춤도 없고 / 두 번의 동일한 눈빛도 없다."

_〈두 번은 없다〉, 비슬라바 쉼보르스카

살아 있으라, 누구든 살아 있으라

<샹들리에> 시아

파티 걸들은 상처받지 않아 / 아무것도 느끼지 못하지, 난 언제쯤 배울까 / 난 계속해서 억누르고, 억누르지 / 나는 언제든지 즐기고 싶을 때 부르는 사람이야 / 전화가 미친 듯이 오고 초인종이 울리고 있지 / 난 사랑을 느끼지, 사랑을 느껴 / 하나, 둘, 셋 마셔 / 하나, 둘, 셋 마셔 / 하나, 둘, 셋 마셔 / 다 마셔버려, 내가 셀 수 없을 정도로 / 나는 샹들리에를 타고 흔들릴 거야, 샹들리에를 타고 / 난 내일이 없는 것처럼 살 거야 / 내일이 없는 것처럼 / 난 밤새 새처럼 날아다닐 거야/ 내 눈물이 말라가는 걸 느끼며 / 나는 샹들리에를 타고 흔들릴 거야, 샹들리에를 타고.

하지만 난 이 삶에 애처롭게 매달려 있어 / 아래를 내려다보지도, 눈을 뜨지도 않을 거야 / 아침이 밝아올 때까지 내 잔을 채워줘/ 나는 오늘 밤만을 붙잡고 있어 / 난 이 삶에 애처롭게 매달려 있어 / 아래를 내려다보지도,

눈을 뜨지도 않을 거야 / 아침이 밝아올 때까지 내 잔을 채워줘 / 나는 오늘 밤만을 붙잡고 있어 / 오늘 밤만을 / 해가 떴고 난 엉망이야 / 당장 나가야겠어, 여기서 도망쳐야 해 /부끄러움이 밀려와, 수치심이 말이야. (중략)

도와줘, 난 이 삶에 애처롭게 매달려 있어 / 아래를 내려다보지도, 눈을 뜨지도 않을 거야 / 아침이 밝아올 때까지 내 잔을 채워줘 / 나는 오늘 밤만을 붙잡고 있어 / 오늘 밤만을/오늘 밤만을 / 나는 바로 오늘 밤만을 붙잡고 있어 / 나는 그저 오늘 밤만을 붙잡고 있어 / 오늘 밤만을, 오늘 밤만을 / 나는 바로 오늘 밤만을 붙잡고 있어 / 나는 그저 오늘 밤만을 붙잡고 있어 / 오늘 밤만을, 오늘 밤만을.

_〈샹들리에〉, 시아 작사·작곡·노래

Party girls don't get hurt / Can't feel anything, when will I learn / I push it down, push it down / I'm the one for a good time call / Phone's blowin' up, they're ringin' my doorbell / I feel the love, feel the love / 1, 2, 3, 1, 2, 3 drink / 1, 2, 3, 1, 2, 3 drink/ 1, 2, 3, 1, 2, 3 drink / Throw 'em back, till I lose count / I'm gonna swing from the chandelier, from the chandelie r/ I'm gonna live like tomorrow doesn't exist / like it doesn't exist / I'm gonna fly like a bird through the nigh t/ feel my tears as they dry / I'm gonna swing from the chandelier, from the chandelier.

And I'm holding on for dear life / Won't look down, won't open

2019년 12월 광화문 일민미술관에 내걸렸던 전시회 〈살아있으라!〉 현수막.

my eyes / Keep my glass full until morning light / Cause I'm just holding on for tonight / Help me, I'm holding on for dear life / Won't look down, won't open my eyes / Keep my glass full until morning light / Cause I'm just holding on for tonight / On for tonight / Sun is up, I'm a mess / Gotta get out now, gotta run from this / Here comes the shame, here comes the shame. (중략)

Help me, I'm holding on for dear life / Won't look down, won't open my eyes / Keep my glass full until morning light / Cause I'm just holding on for tonight / And I'm holding on for dear life / Won't look down, won't open my eyes / Keep my glass full until morning light / Cause I'm just holding on for tonight / On for tonight, on for tonight / Cause I'm just holding on for tonight / Oh I'm just holding on for tonight / On for tonight, on for tonight / Cause I'm just holding on for tonight / Cause I'm just holding on for tonight / Oh I'm just holding on for tonight / On for tonight, on for tonight.

_〈Chandelier〉

지난 주말 광화문에 갔다. 부산에서 올라온 지인과 점심을 먹기 위해서였는데 거리는 난장판이었다. 특히 전도 집회를 방불케 하는 한 단체의 무질서는 극에 달한 느낌이었다. 고함에 가까운 연설과 찬송가 소리가 대여섯 곳의 크레인에 매달린 대형

스피커를 통해 얼마나 증폭되는지 옆 사람과 이야기도 못 할 지경이었다.

이념을 떠나 이건 아니다 싶었다. 품격도 없이 한쪽 주장만 담은 깃발이 초겨울 거리를 더 춥게, 황량하게 만들었다. 결국엔 다 먹고살자고 그런 거겠지만 씁쓸했다. 그러다 문득 그 현수막이 눈에 들어왔다. 집회 중앙 무대 건너편 광화문우체국 쪽 일민미술관 벽면이었다.

'살아 있으라!'

아! 저절로 탄성이 흘러나왔다. 이 어지러운 시대에, 참과 거짓이 혼동되고 인간에 대한 예의는 사라진 지 오래인 이 강퍅한 시대에, 물가와 집값은 천정부지로 치솟고 사람들은 한 끼 밥과 안식처를 위해 거리에서 매일 전투를 치르는 이 시대에 '살아 있으라'라고 홀로, 결연히 부르짖고 있는 것이다. 맞다. 일단 살아 있어야 다른 무엇인가를 할 수 있으리라. 살아 있어야 투쟁도 할 수 있고 부당함도 억울함도 호소할 수 있고 밥도 먹을 수 있다.

하루하루의 생활이 아무리 힘들고 지칠지라도 저 밑바닥 희망의 끈을 놓지 않는 것이 가장 중요하다. 죽을 만큼 힘들어도 일단 살아 있기를 그 현수막은 웅변하고 있는 것이다, 하루만 더 살아 있기를, 하루만 더 버텨주기를 온몸으로 외치고 있는 것이다. 인간에게 '살아 있으라'라는 명제보다 더 절박한 것은 없다.

2019년 가을, 남부러울 것 없는 20대 아이돌 스타들이 잇따라 삶을 마감하고 있다. 활짝 웃고 있는 영정 속 얼굴이 안타깝다. 얼마나 악플에, 왜곡된 소문에 시달렸으면, 그래서 심적 고통이 컸으면 스스로 생명을 끊을까, 당해보지 않은 사람은 이해할 수 없을지 모른다.

전 소속사와의 갈등을 끝내고 2020년 초 활동을 재개한 가수 강다니엘도 갑자기 우울증과 공황장애로 당분간 활동을 중단한다는 소식이다. 새벽에 팬카페에 올린 글은 충격이다. "정말 저 너무 힘들어요. 누가 좀 살려줬으면 좋겠어요." 이렇게 힘들까. 팬들은 그가 잘 버티길, 이겨내길 기원한다.

〈샹들리에〉를 부른 호주 출신 여가수 시아(1975년생)도 악플과 근거 없는 비방으로 한때 자살을 기도할 정도로 마음을 다쳤던 가수다. 2016년 만 41세의 나이로 빌보드 싱글차트 1위에 오르는 등 10위권 안에 들어간 노래가 4곡이나 될 정도로 지금은 실력을 인정받는 싱어송라이터지만 그녀의 삶은 순탄치 않았다.

시아는 음악을 하는 부모 밑에서 자라 어릴 때부터 음악에 푹 빠져 살았지만 10세 때 부모의 이혼으로 심적 갈등을 겪는다. 아버지는 이중인격으로 성격이 냉·온탕을 오갔고 13세 때 시아는 대마초를 접하게 된다.

10대 후반부터 인디밴드에서 활동하게 되는데 20대 초 첫사랑이었던 남자친구가 교통사고로 사망하는 사건으로 큰 아픔을 겪는다. 실의에 빠진 시아는 알코올과 약물에 의존하는 생활을 이어간다. 그러다 2010년 더 큰 상처를 받는다.

'We Are Born'이라는 앨범으로 나름대로 인지도를 얻게 되었는데 유명세에 따른 뜬소문과 악플로 몸과 마음이 황폐해졌던 것이다. 투어를 취소할 정도로 우울증이 심해졌고 술과 약물로 하루하루를 연명해 가다 결국 자살을 계획하게 된다. 그러나 자살 직전 친구가 전화를 해와 다행히 포기한다. 그 후 재활 치료를 통해 약물 중독을 극복하게 된다.

시아는 재활 치료 이후 작곡자의 삶과 가수로서의 삶을 병행했다. 데이비드 게타에게 준 〈Titanium〉과 리한나에게 준 〈Diamonds〉가 빅히트를 기록함으로써 작곡가로서 명성도 굳건해진다. 시아는 자신이 부르는 곡보다 남에게 준 곡이 더 유명해지고 자신은 점차 무대에 서는 것조차 두려워지자, 가수로서는 은퇴하려고 마음먹지만, 소속사와 앨범을 하나 더 내야 하는 계약 조건이 있어 마지막 음반을 내게 된다.

그것이 〈샹들리에〉가 포함된 2014년 앨범 '1000 Forms of Fear'다. 시아도 조건을 걸었다. 소속사와 앨범과 관련된 프로모션을 일절 하지 않기로 하고 부득이 무대에 서서 노래를 할 때는 얼굴을 가리고 한다는 내용이었다. 최소한의 활동만 하고 가수 생활을 마감하려 했지만 〈샹들리에〉의 엄청난 흥행으로 가수로서 2막의 길로 접어들었던 것이다. 그때부터 시아는 가발로 얼굴을 다 가리고 노래하는 '얼굴 없는 가수'가 된 것이다.

시아의 모든 노래에는 상처와 위로의 메시지가 들어있다. 그 자신 너무 험난한 삶을 살았기에 그런 가사가 만들어졌는지도 모른다. 가사는 창의적이다. 자신의 이야기를 가사에 담는다. 삶이 비록 힘들지라도 자신처럼 버티고 견뎌내라고 노래한다. 엄청난 절망과 좌절 속에 있더라도 광화문의 현수막처럼 살아있으라〈Alive〉고 쓰러지지 말라〈Titanium〉 외친다.

〈샹들리에〉도 마찬가지다. 시아가 가장 힘들 때, 무분별과 방황으로 삶이 어둠의 터널이라고 느꼈을 때, 마약과 술로 파괴하고 싶도록 나약한 자신이 저주스러웠을 때를 되돌아보며 지은 가사다. 누구나 그런 때가 있다. 내가 아무것도 아닌 것처럼 생각되고 모래알보다 더 작고 초라하게 느껴지며 주변 모든 것이 무의미하게 느껴질 때가 있다(지나고 보면 아니지만 모든 것이 서툴고 무엇 하나 결정 나지 않은 20대가 가장 고통스럽고 힘들게 느껴질 수도 있다. 대부분의 위대한 예술 작품은 20대에 만들어진다).

시아의 목소리에는 생채기가 있다. 그걸 한이라고 할 수도 있다. 허스키한 보이스로 체념한 듯 가사를 툭툭 내뱉는다. 고음에서는 갈라지는 쇳소리도 난다. 세련되지는 않지만 들으면 진정성이 우러난다, 서글픈 목소리다.

'샹들리에'는 두 가지 의미가 있는 것 같다. 축제의 서막을 여는 화려하고 동화 같은 느낌과 난삽하고 타락한 것 같은, 방탕

한 느낌이 그것이다. 그러므로 '샹들리에'를 타고 흔들릴 거라는 가사는 난삽하게 논다는 느낌도 있지만, 거꾸로 진흙탕의 현실에서 꿈과 동화의 세상으로 새처럼 날아가고 싶다는 간절한 메시지를 담고 있기도 하다.

중간에 나오는 '하나, 둘, 셋 마셔' 부분도 주체할 수 없을 정도로, 절망의 끝에 닿을 것처럼 취한다는 의미겠지만 역설적으로 그 부분의 멜로디는 행진곡처럼 경쾌하고 발랄하다. 현실을 이겨내고 싶은 삶의 의지를 느끼게 하는 대목이다. 오늘 밤만을 위해 즐기고 있지만, 아침이 오면 수치심이 들 거라고 예견하고 있다.

자포자기 상태로 위태롭게 매달려 있지만 도와달라고 외친다. 벗어나고 싶다는, 살고 싶다는 자신의 의지를 표현한 것이 아닐까 싶다. 가사는 애절하고 슬프지만, 멜로디는 리듬감이 있고 카타르시스가 있다. 정화된 슬픔의 모양이다.

〈샹들리에〉는 2019년 10월 JTBC '비긴 어게인 3' 이탈리아 베로나 에르베 광장 버스킹에서 박정현이 커버해 우리에겐 더 친숙해진 노래다. 시아의 노래가 방황과 절망이라는 감정을 보다 직설적으로 담았다면 박정현은 방황과 절망에서 한발 나아가 희망과 위로, 그리고 용기를 담았다고 할 수 있을 것 같다. 절망을 직시한다는 것은 곧 희망의 문고리를 잡았다는 것, 다시 말해 터널 끝 한줄기 빛을 감지한다는 의미일 것이다. 그래서 박정현의 〈샹들리에〉는 '아!'라는 감탄사로, 영혼의 전율로, 심장에 훅 박히는 느낌으로 다가왔던 것이 아닐까.

시아의 노래 중 삶에 대한 보다 강력한 의지를 드러낸 노래는 〈Alive〉다. 그것은 광화문의 현수막 '살아 있으라!'라는 메시지와 닮았다. 폭풍 속에서 태어났고 삶을, 사랑을 증오하고 모든 것을 빼앗겨 희망도 없고 거짓뿐인 이 세상에서 단지 울 수밖에 없는 존재지만 그래도 살고 싶다고 절규한다. 시아의 생채기 난 목소리, 쇳소리 고음이 가장 처절하게 담긴 노래다.

나는 폭풍 속에서 태어났어 / 난 하룻밤 만에 다 자라났고 / 난 혼자 놀았어 / 내 스스로 헤쳐왔고 / 난 살아남았지 / 헤이, 난 내가 가져보지 못한 모든 걸 원했어 / 삶에서 시작되는 사랑 같은 것 말이야 / 난 부러웠기에, 증오했어 / 하지만 난 살아남았지 / 난 모든 악마들이 간다는 장소의 편도 티켓이 있어 / 바람조차 불지 않고 / 아무것도 자라날 수 없는 곳이었지 / 희망도 없고 거짓뿐인 곳으로 / 그리고 넌 베개 속에서 울면 된다고 가르침 받았지 / 그런데 난 살아남았지 / 난 아직 숨 쉬고 있어 / 난 여전히 숨 쉬고 있다고 / 난 아직 숨 쉬고 있어 / 난 여전히 숨 쉬고 있다고 / 난 살아 있어 / 난 살아 있어 / 난 살아 있다니까 / 난 살아 있다고.(중략)

니가 다 뺏어갔지만 난 아직 숨 쉬고 있어 / 니가 다 뺏어갔지만 난 아직 숨 쉬고 있다니까 / 니가 다 뺏어갔지만 난 아직 숨 쉬고 있어 / 니가 다 뺏어갔지만 난 아직 숨 쉬고 있다니까 / 니가 다 뺏어갔지만 난 아직 숨 쉬고 있어 / 니가 다 뺏어갔지만 난 아직 숨 쉬고 있다니까 / 니가 다 뺏어갔지만 난 아직 숨 쉬고 있어 / 니가 다 뺏어갔지만 난 아직 숨 쉬고 있다고 / 나는 온갖 실수들을 저질렀어 / 너도 저질러봤을 법한 그런 것 말이야 / 니가 준 것들을 가져가고 가져가고 가져갔어 / 하지만 넌 내가 고통에 있다는 걸 절

대로 눈치채지 못했지 / 난 내가 뭘 원하는지 알았고 결국에는 얻어냈어 / 내가 절대 못 할 거라고 했던 것들, 전부 해냈어 / 내가 말했지, 난 절대 잊혀지지 않을 거라고 / 그게 너의 일부가 된 걸 난 알아 / 난 아직 숨 쉬고 있어 / 난 여전히 숨 쉬고 있다고 / 난 아직 숨 쉬고 있어 / 난 여전히 숨 쉬고 있다고 / 난 살아 있어 / 난 살아 있어 / 난 살아 있다니까 / 난 살아 있다고.

_〈Alive〉, 시아 작사·작곡·노래

광화문에 내걸렸던 '살아 있으라!'라는 문구는 아마 기형도의 시에서 빌려왔을 것이다. 시인이자 신문기자였던 기형도는 29세라는 젊은 나이에 종로 2가 새벽 심야극장 안에서 죽었다. 1989년 발간된 그의 유고집 『입 속의 검은 잎』 해설을 평론가 김현이 썼는데 그 첫머리에 '살아 있으라, 누구든 살아 있으라'라는 문구를 인용해 넣었고 이후 이 말은 기형도를 추억할 때 가장 먼저 떠오르는 화두가 되었다.

"세상은 온통 크레졸 냄새로 자리 잡는다. 누가 떠나든 죽든 / 우리는 모두가 위대한 혼자였다. 살아 있으라, 누구든 살아있으라"

_(비가 2-붉은 달 중에서)

기형도는 그의 유작시를 통해 모든 청춘들의 방황과 절망을, 그리고 망가진 20대의 꿈과 거리에서의 삶을 외면하지 않고 극단까지 몰고 가 처절하게 노래했다. 그의 시는 한마디로 '80년대 청년들의 비가'였던 셈이다.

"내 희망을 감시해 온 불안의 찜짝들에게 나는 쓴다 / 이 누추한 육체 속에 얼마든지 머물다 가시라고 / 모든 길들은 흘러온다, 나는 이미 늙은 것이다."

_〈정거장에서의 충고〉

"나 가진 것 탄식밖에 없어 / 저녁 거리마다 물끄러미 청춘을 세워두고 / 살아온 날들을 신기하게 세어보았으니 / 그 누구도 나를 두려워하지 않았으니 / 내 희망의 내용은 질투뿐이었구나 / 그리하여 나는 우선 여기에 짧은 글을 남겨둔다 / 나의 생은 미친 듯이 사랑을 찾아 헤매었으나 / 단 한 번도 스스로를 사랑하지 않았노라."

_〈질투는 나의 힘〉

기형도는 또 "나는 인생을 증오한다."〈장밋빛 인생〉 거나 "나는 일생 몫의 경험을 다 했다."〈진눈깨비〉라는 진술을 단정적으로 자주 썼다. 김현은 이런 기형도의 시를 '극단적인 비극적 세계관의 표현'이라고 적었다. 기형도와 시아의 닮은 점은 비극적 현실을 타협 없이 직시한다는 점이다.

단지 시아보다 기형도는 현실의 삶을 더 부정적으로 보았고 시아는 암담한 터널 속에도 그 끝에는 빛이 있을 거라는, 그러므로 인내하고 버텨야 한다고 인식했다는 점이다. 아마도 20대의 기형도가 더 살았다면 40대의 시아처럼 비슷한 길을 걸었을지도 모른다. 『입 속의 검은 잎』 뒤표지 시작 메모에는 절망 속에서도 희망의 파편을 잡으려는 인식이 엿보인다.

"그때 눈이 몹시 내렸다. 눈은 하늘 높은 곳에서 지상으로 곤두박질쳤다. 그러나 지상은 눈을 받아주지 않았다. 대지 위에 닿을 듯하던 눈발은 바람의 세찬 거부에 떠밀려 다시 공중으로 날아갔다. 하늘과 지상 어느 곳에서도 눈은 받아들여지지 않았다. 그러나 나는 그처럼 쓸쓸한 밤눈들이 언젠가는 지상에 내려앉을 것임을 안다. 바람이 그치고 꽝꽝 얼었던 사나운 밤이 물러가면 눈은 또 다른 세상 위에 눈물이 되어 스밀 것임을 나는 믿는다. 그때까지 어떠한 죽음도 눈에게 접근하지 못할 것이다."

시아는 청춘이라는 고통의 여정을 잘 버텨왔다. 셰익스피어는 '인생은 연극'이라고 했다. 나는 인생이란 연극의 배우이다. 좋은 배역을 맡을 때도 있지만 어떤 때는 하기 싫은 배역, 악역을 맡을 때도 있는 법이다. 그래야 한 편의 연극이 되는 것이다. 우리는 단지 그 배역을 충실히 살뿐이다. 고통스러운 배역을 맡았을 때는 좋은 배역이 올 날을 생각하고 좋은 배역을 맡았을 때는 보다 겸손해지면 될 것이다. 어떤 배역이라도 인생은 피해나갈 도리가 없으므로 맡은 역할에 충실해야 하는 것은 당연한 것이다.

시아는 자신이 만든 대부분 노래에다 그 상처를 담았다. 그리고 그 상처와의 싸움에서 물러서지 않는 치열함을 보여줬다. 시아의 가사는 그래서 그 자체로 한 편의 시고 드라마다. 시아는 자신의 아픔을 여러 가지 상징으로 노래한다.

어떤 때는 샹들리에로 어떤 때는 티타늄으로, 어떤 때는 다이아몬드로, 어떤 때는 눈사람으로 표현한다. 그래서 더 아름답고 절실하다. 나를 깎아내리고 추락시키려는 모든 세상의 악에 대항해 시아는 '나는 티타늄'이라고 선언한다.

어떤 비난을 하고 어떤 악플을 달아도 난 쓰러지지 않는다고 선언한다. 내가 쓰러지지 않는다는 것은 결국 고통에 시달리는 너를 지켜준다는 결의다. 그래서 시아의 노래를 듣고 있으면 위로가 된다. 어떠한 순간이 와도 지켜주겠다는 시아의 가사는 아름답다. '티타늄'처럼 강인하게 자신을 지켜온 시아를, 그래서 꿋꿋하게 살아가라고 힘이 되어준 시아를 칭찬해 주고 싶다.

넌 소리 지르지만 / 네가 뭐라고 하는지 난 하나도 안 들려 / 난 크게 말하지만 많은 걸 얘기하지 않아 / 난 비난받지만 모든 총알을 튕겨내지 / 넌 날 넘어뜨리려 쏘겠지만, 난 다시 일어나 / 난 방탄이야, 잃을 게 없지 / 계속 쏴 봐 / 총알이 튀고, 넌 조준을 해/ 계속 쏴 봐 / 넌 날 넘어뜨리려 하지만, 난 쓰러지지 않지 / 난 티타늄이니까 / 넌 날 넘어뜨리려 하지만, 난 쓰러지지 않지 / 난 티타늄이니까.

날 깎아내리지만 / 더 멀리 추락하는 건 너야 / 유령도시와 거짓된 사랑 / 목소리를 높여봐 / 몽둥이와 돌로 내 뼈를 부러뜨릴지도 몰라 / 난 크게 말하지만 많은 걸 얘기하지 않아 / 난 방탄이야, 잃을 게 없지 / 계속 쏴 봐 / 총알이 튀고, 넌 조준을 해 / 계속 쏴 봐 / 넌 날 넘어뜨리려 하지만, 난 쓰러지지 않지 / 난 티타늄이니까 / 넌 날 넘어뜨리려 하지만, 난 쓰러지지 않지 / 난 티타늄이니까. (하략)

_〈티타늄〉, 시아 작사·작곡

마음이 이끄는 곳으로 걸어가라

<One Too Many Mornings> 밥 딜런

거리 저편에서 개들이 짖고 / 날은 어두워지고 있어 / 이제 밤이 내리면 / 개 짖는 소리도 잠잠해지겠지 / 그리고 고요한 밤은 내 마음속 / 소리들로 산산이 부서질 거야 / 왜냐하면 나는 하루 더 많은 아침에 / 천마일 뒤에 머물러 있기에.

문간 교차로 쪽으로 향해 있던 / 나의 눈은 흐려지기 시작하지 / 내 사랑과 내가 누워 있던 / 방안으로 고개 돌릴 때 / 그리고 난 다시 거리를 바라봐 / 인도와 표지판을 / 그리고 난 하루 더 많은 아침에 / 천마일 뒤에 머물러 있기에.

불안하고 허기진 기분 / 그게 아무도 없고 모든 게 쓸모없다는 / 내게 무엇에 대해서 말하든 / 넌 그걸 그저 좋다고 말할 수 있어 / 넌 너의 입장에서 옳아 / 난 나의 입장에서 옳지 / 우린 그저 저마다 하루 더 많은 아침에 / 천마일 뒤에 머물러 있기에.

_〈One Too Many Mornings〉, 밥 딜런 작사·작곡·노래, 밥 딜런 시선집 2, 『하루 더 많은 아침』, 서대경·황유원 옮김

Down the street the dogs are barkin' / And the day is a-gettin' dark / As the night comes in a-fallin' / The dogs 'll lose their bark / An' the silent night will shatter / From the sounds inside my mind / For I'm one too many mornings / And a thousand miles behind.

From the crossroads of my doorstep / My eyes they start to fade / As I turn my head back to the room / Where my love and I have laid / An' I gaze back to the street / The sidewalk and the sign / And I'm one too many mornings / An' a thousand miles behind.

It's a restless hungry feeling / That don't mean no one no good / When ev'rything I'm a-sayin' / You can say it just as good / You're right from your side / I'm right from mine / We're both just too many mornings / An' a thousand miles behind.

_〈One Too Many Mornings〉

밥 딜런(Bob Dylan·1941~) 하면 '노래하는 시인'이라는 이미지가 떠오른다. 그리고 저항과 자유, 변화의 아이콘으로 우뚝 선 그의 파란만장한 삶이 생각난다. 대중가수로는 처음으로 2016년 노벨문학상도 받았다. "미국 음악 전통에 '새로운 시적 표현'을 창조해 냈다."라는 것이 선정 이유였다.

그의 삶처럼 파격이었다. 밥 딜런은 평생 한곳에 머물지 않았다. 끊임없이 변화를 추구했다. 10대 땐 록 밴드에 심취했지만

1960년대 초반 〈바람만이 아는 대답〉 〈시대가 변하고 있다〉 등으로 일찌감치 미국 포크 음악계의 전설이 됐다. 그러나 그것도 잠시, 1965년 통기타를 팽개치고 전자기타를 메고 나와 '포크록'으로 변신을 시도했다.

그의 팬들은 경악했지만, 그는 자신의 음악이 반전과 평화라는 굴레에 갇히기를 거부했다. 최고의 정점에서 스스로 내려온 것이다. 그는 인간을 노래하고 사랑을 노래하고 삶의 모순을 탐색하는 자유의 혼이 되고자 했다.

밥 딜런은 "나는 어떤 세대에 내가 속해 있다고 생각해 본 적이 없고 나를 그 대변자라고 부르는 그런 한 세대가 있다고 생각해 본 적도 없다."라고 고백했다.

밥 딜런은 1963년 워싱턴 대행진 참여 이후 자신을 60년대 반전·민권운동의 대변인 혹은 양심으로 치켜세우는 것을 불편해했다. 딜런과 친했던 배우이자 포크 가수인 시어도어 비켈은 "대부분 예술가나 작가들이 개인적인 차원에서 보편적인 차원으로 이동하는 경향을 갖는데 반해 딜런은 보편적인 차원에서 개인적인 차원으로 움직였다."라고 말했다.

밥 딜런이 평생 추구했던 것은 '기성 사회질서를 벗어나는 자유에 관한 탐구'였다. 밥 딜런의 노래에서 가장 많이 등장하는 어휘는 '길'이다. 길은 기성 사회를 벗어나는 자유의 영역을 뜻한다. 어떤 때는 거리나 기차, 철도, 고속도로 등으로 변형되어 나타난다.

동지이자 연인이었던 시절의 존 바에즈와 밥 딜런. 출처=존 바에즈 페이스북

"길은 딜런의 변화무쌍함을 이해하게 하는 키워드다. 딜런은 어느 곳에서든 정착과 동시에 이탈을 꿈꾼다. 그리고 끝없는 움직임과 이동이 그의 삶과 노래 세계를 지배한다."

_『음유시인 밥 딜런-사랑과 저항의 노래 가사 읽기』, 손광수

밥 딜런의 자유를 향한 이탈은 1965년 뉴포트 포크 페스티벌(우드스탁 페스티벌의 전신)에서 가장 극명하게 나타났다. 포크 음악계의 떠오르는 우상이 공개석상에서 가죽 재킷을 입고 전자기타를 들고나와 록 밴드와 함께 새로운 형식의 노래를 연주했던 것이다.

관중들은 딜런에게 야유를 퍼부었다. 딜런이 포크 운동의 대

변자 자리를 내던지고 상업주의를 추구하는 가수로 전락했다고 여겼기 때문이었다. 그러나 딜런이 그날 불렀던 〈Like a Rolling Stone·구르는 돌처럼〉은 나중에 대히트를 쳤다. 곡은 일반 싱글앨범보다 두 배나 더 길었고 가사는 도발적이고 실험적이었다.

사회적 쟁점을 주장하기보다는 삶의 모순과 실존에 대한 물음을 노래에 담았다. 록은 그런 가사를 담기 위한 음악 양식이었던 것이다. 딜런은 포크 팬들의 기대를 완전히 배반했지만, 일반 대중들은 이런 딜런의 변화에 되레 열광했다.

『밥 딜런 평전』을 쓴 좌파학자 마이크 마퀴스는 딜런의 변화는 포크 음악 운동을 박제화하려는 시도에 대한 반발이라며 긍정적으로 평가했다.

"1965년 뉴포트는 좌파에게 교훈을 던져주고 있다. 그것은 독창적인 도전을 할 수 없도록 하는 독선적인 태도와 전통적인 관행에 빠진 맹목적인 운동에 대한 경고였다. 또 특정 장르를 맹목적으로 숭배하는 어리석은 자와 대중문화를 폄하하며 거들먹거리는 시선에 대한 의미 있는 경고이기도 했다."

_『밥 딜런 평전』, 마이크 마퀴스

스티브 잡스가 이런 '자유로운 영혼' 밥 딜런을 그의 우상으로 숭배한 것은 어쩌면 필연일 것이다. 변화와 혁신을 최고의 가치로 삼았던 잡스는 딜런으로부터 수많은 영감을 얻고 동시대를 같이 호흡하며 살았다.

〈One Too Many Mornings〉는 밥 딜런의 노래 중 스티브 잡스가 가장 좋아했던 노래다. 가장 정치적인 색채가 짙은 밥 딜런 제3집 '시대가 변하고 있다'(The Times They're A-Changin'·1964년)에 수록돼 있다. 이 앨범 타이틀 곡인 〈시대가 변하고 있다〉도 스티브 잡스와 특별한 인연이 있다. 1984년 1월 24일 세상에 첫선을 보인 매킨토시 발표회장에서 이 노래의 2절 가사를 낭독하며 지지자들의 열렬한 환호를 이끌어냈던 것이다.

"오늘의 패자가 내일의 승자가 될 것이니, 시대가 변하고 있으니까."

당대 최고의 기업인 IBM을 빅 브라더라고 묘사하며 큰 반향을 일으켰던 그해 '매킨토시 1984 슈퍼볼 광고'가 스크린에 다시 상영되자 잡스는 IBM에 맞서 경쟁할 회사는 애플밖에 없다고 깜짝 선언한 것이다.

그 가사처럼 실제로 애플은 미래의 승자가 되는 기쁨을 만끽했다. 스티브 잡스는 새로운 컴퓨터 세상을 열었고 그 주인공이 되었다. 스티브 잡스는 생전에 밥 딜런과 2004년 10월 처음 만났다.

월터 아이작슨이 쓴 『스티브 잡스』 공식 전기에 따르면 딜런은 잡스가 거주하는 팰러앨토 인근으로 공연을 왔고 콘서트 시작 전 잡스를 호텔로 초대한 것이다. 당시 잡스는 첫 번째 암 수술 뒤 회복 중이었다. 잡스는 살면서 너무 긴장해서 말이 잘 안

나온 적은 오직 밥 딜런을 만났을 때뿐이었다고 회상했다.

"그의 방 바깥에 테라스에 앉아 두 시간 동안 이야기를 나눴지요. 그는 제 영웅이었어요. 그래서 굉장히 긴장했지요. 한편으로는 그가 명석함을 잃지는 않았을지, 많은 사람이 그렀듯 나이가 들면서 우스꽝스러운 모습이 되지는 않았을지 걱정이 되기도 했어요. 하지만 기쁘게도 그는 여전히 송곳처럼 날카로웠어요. 정말 개방적이고 솔직했지요. 그는 자신의 인생과 곡을 쓰는 일에 관해 들려줬어요."

_『스티브 잡스』

가장 좋아하는 곡이 무엇이냐는 밥 딜런의 질문에 스티브 잡스는 〈One Too Many Mornings〉라고 말했고 그날 밤 콘서트서 그 노래를 불러줬다. 〈One Too Many Mornings〉은 '이별한 연인과 함께했던 삶의 어떤 진실'에 대한 노래라고 알려져 있다.

이별은 했지만, 상대를 탓하지 않는다. 얼마간 그리움도 묻어 있다. 앞부분 가사는 비교적 명확하지만, 후렴구는 그 뜻이 모호하다. 번역도 각양각색이다. 찬찬히 읽어봐도 애매하다. 그것이 밥 딜런의 시적 가사의 특징이라고 한다. 은유와 상징이 많이 들어가 있다. 후렴구 말고 1~3절 앞부분 가사를 연결하면 다음과 같다. '거리는 점점 어두워지고 개 짖는 소리도 잦아진다. 고요한 밤은 내 마음속 소리로 뒤흔들린다.

당신이 떠나간 길 저쪽이 흐려진다. 사랑을 나누던 방안을 다시 보니 당신은 사라지고 없다. 불안하고 허기진 기분으로 당신과의 지난날을 생각한다. 나의 말에 대해 당신은 대체로 동의했지만, 당신의 입장에선 당신이 옳고 나의 입장에선 내가 옳다, 그게 삶의 진실'이라고 노래한다.

밥 딜런은 1964년 발표한 이 노래를 처음에는 전형적인 포크 음악 방식으로 불렀다. 통기타 반주에 아름다운 하모니카 간주를 섞어서 툭툭 내뱉듯이 중얼거리면서 읊조렸다. 그러다 전자 기타를 들고나온 1965년 7월 뉴포트 페스티벌 이후엔 록 밴드와 함께 거칠게 부른다.

당시 공연 실황을 보면 포크 버전과 달리 더 자유롭고 생동감이 있어 보인다. 하모니카는 바이올린으로 변했고 사람 마음을 더 할퀸다. 멜로디도 약간씩 변형하면서 내지르는 목소리는 자유롭다. 존 레논과 같이 부른 버전도 있다. 두 전설이 연주하고 입을 맞춰 부르는 노래, 장난기 넘치는 레논과 심각한 딜런 그러나 둘 다 행복해 보인다.

또 하나, 존 바에즈가 부른 커버곡도 있다. 1965년까지 밥 딜런의 연인이었던 그녀. 존 바에즈가 부르면 어떤 노래도 애잔하고 성스럽게 들린다. 남다른 미모에 고음의 바이브레이션을 구사하는 청아한 목소리로 사람들의 사랑을 오랫동안 받았다.

〈One Too Many Mornings〉의 주인공이 혹시 존 바에즈가 아닐까 생각한 적도 많았다. 1960년대 초반 독보적인 저항 가수로 함께한 동지이자 연인이었지만 훗날 포크음악 운동에 대한 서로의 입장 차이로 헤어진 안타까운 사연이 노래 가사와 유사하기 때문이다.

헤어진 이후에도 밥 딜런과 존 바에즈는 가끔 만나 공연을 했는데 그때마다 딜런을 쳐다보는 바에즈의 눈에는 설렘이 가득하다는 느낌을 받는다.

스티브 잡스가 〈One Too Many Mornings〉을 왜 좋아했는지는 밝히지 않았다. 멜로디가 좋았을 수도 있고 모호한 가사의 느낌이 좋았을 수도 있다. 아니면 그 노래를 부르는 딜런의 자유로운 모습이 좋았을 수도 있다. 잡스에게 있어서 딜런의 노래는 항상 자유를 상징한다.

자유는 이탈이며 변화를 뜻한다. 즉 실패를 두려워하지 않는다는 것이다.

잡스는 혁신은 수많은 실패 뒤에 얻어지는 것이라고 말했다. "우리는 인간입니다. 그래서 수많은 실수를 합니다. 덕분에 우리는 새로워지고 창조적이게 됩니다." 1985년 자신이 창업했던 애플에서 해고됐을 때 잡스는 인생의 가장 큰 실패의 순간을 맞이한다. 그러나 그는 그 실패의 순간을 변화와 혁신의 계기로 삼았다. 넥스트 창업과 픽사 인수를 통해 기술과 인문학의 결합을 시도했던 것이다.

결과적으로 세계 최초의 컴퓨터 그래픽 3D 애니메이션이었던 〈토이 스토리〉의 대성공으로 다시 혁신의 아이콘으로 떠올랐다. 뛰어난 인재들과 함께 세상을 바꿀만한 일을 벌이고 사람들을 놀라게 하고 감동시키는 것이 그에게는 혁신이었다.

스티브 잡스는 어릴 때부터 자기중심적이고 독불장군이었다. 사생아로 태어나 양부모 밑에서 자라난 환경 탓일 것이다. 회사 경영도 독선적이었다. 남의 말은 잘 듣지 않았고 마음에 들지 않으면 인격 모독적인 발언도 서슴지 않았다.

결혼하기 전인 20대 초 낳은 자신의 딸을 오랫동안 인정하지 않았던 비정한 아버지였다. 인격적으로는 결점이 많았지만 '우주에 흔적을 남길' 완벽한 제품을 만들겠다는 열정이 그를 21세기 혁신의 아이콘으로 만들었다. 그런 잡스도 2003년 췌장암 진단을 받은 뒤 조금씩 바뀌었다. 일상의 소중함, 오늘의 가치를 깨닫게 된 것이다. 2005년 스탠퍼드 대학교 졸업식 연설은 열정에 대한 최고의 명문으로 남아 있다.

"내가 곧 죽을 수도 있다는 생각은, 내 삶에서 큰 결정을 내리는 데 중요한 도움을 주었습니다. 외형적 기대, 자부심, 좌절과 실패에 대한 두려움들은 죽음 앞에서 아무것도 아니며 진정으로 중요한 것만 남았기 때문입니다. 여러분이 언젠가 죽으리라는 것을 기억하는 것은, 살면서 뭔가 잃을 것이 있다는 생각의 함정으로부터 벗어나는 가장 좋은 길이라고 생각합니다. 여러분은 이미 벌거숭이입니다. 그러므로 마음이 가는 대로 따라가지 못할 이유가 없습니다."

_2005년 스탠퍼드 대학교 졸업식 연설

스티브 잡스는 죽음 앞에서는 인생이 잃을 것이 없으므로 하고 싶은 일을 하면서 살라고 조언한다. 실패에 대한 두려움은 아무 의미가 없다고 덧붙인다. 잡스는 "여러분의 시간은 한정돼 있다. 다른 사람의 삶을 사느라 시간을 낭비하지 말라."라고 강조한다.

다른 사람의 생각이나 의견이 자신의 내면의 목소리를 방해하지 못하도록 하라고 말한다. "가장 중요한 것은 여러분의 마음과 직관을 따르는 용기를 갖는 것"이라고 강조한다. 타인을 의식한 삶이 아니라 자신의 마음이 이끄는 곳으로 성큼성큼 걸어가는 것, 스티브 잡스와 밥 딜런이 평생 추구했던 삶이다.

스티브 잡스가 2011년 세상을 떠났을 때 언론은 엉뚱하게도 한 여인을 집중 조명했다. 존 바에즈였다. 바에즈는 잡스 추도식에서 〈Swing Low Sweet Chariot·낮게 흔들리는 마차〉라는 노래를 불렀다. "낮게 흔들리는 마차 / 나를 집으로 데려가려 오네.~" 자유의 세상을 꿈꾸는 흑인 노예들의 염원을 담은 이 노래는 애절하면서도 행복감을 주는 영가였다.

잡스의 연인이자 딜런의 연인이기도 했던 여자. 한곳에 머물지 못하는 두 남자를 사랑했던 바에즈, 마음고생을 오래 했을 것 같다. 잡스는 1982년 바에즈를 만나 3년간 사랑을 나눴다.

존 바에즈는 핵무기 제조에 반대하는 물리학자였던 멕시코계 아버지와 희곡작가였던 스코틀랜드계 어머니 사이에서 태어났다. 그래서 그럴까, 영혼이 깃든 흑인영가를 즐겨 불렀던 그녀의 노래엔 일찌감치 정치적인 색깔이 짙게 깔려 있었다. 포크 가수인 밥 깁슨의 눈에 띄어 1959년 뉴포트 포크 페스티벌에

혜성같이 등장해 언론의 주목을 받았다.

〈도나도나〉, 〈매리 해밀턴〉 등 주옥같은 노래로 20대 초반 이미 포크의 여왕으로 입지를 굳혔다. 바에즈는 밥 딜런이 포크 운동에서 이탈한 이후에도 평생 가난하고 상처받은 사람을 위한 노래, 반전과 평화, 자유의 노래를 불렀다.

시장으로 가는 짐차 위의 / 슬픈 눈망울의 송아지 한 마리 / 그 위로 제비 한 마리가 / 날쌔게 날고 있네.

농부가 말했지 / 불평일랑 하지마 / 누가 멍에를 쓰라고 했니 / 넌 왜 제비처럼 / 자랑스레 자유로이 날 수 있는 날개가 없니.

송아지는 쉽게 갇혀 도살되지 / 이유도 모른 채 / 하지만 자유를 소중히 여기는 사람은 / 제비처럼 날아다니는 법을 배우지 / 도나도나, 도나도나~.

_〈도나도나〉, 샬롬 세쿤다 작사·작곡, 존 바에즈 노래

존 바에즈의 노래 중 최고의 명곡은 〈Dianmonds and Rust〉다. 밥 딜런과 헤어진 지 10년, 우연히 걸려온 딜런의 전화를 받고 직접 작사·작곡한 곡으로 알려져 있다. 한때 진심으로 사랑했던 사람에게서 걸려온 전화, 기쁘기도 하고 슬프기도 한 그 전화를 받고 오래전에 딜런에게 선물했던 한 쌍의 커프스단추를 회상하며 사랑과 인생에 관해 쓴 곡이다.

딜런이 극찬할 정도로 곡의 완성도가 높다는 평가를 받았다. 〈다이아몬드와 녹〉이라는 제목은 종종 '행복과 상처'로 번역되어 존 바에즈의 울림 있는 목소리에 실려 세상의 모든 상처받은

연인들의 마음을 달래 주는 것 같다. 오랜 세월이 흐르면 더러운 숯은 아름다운 다이아몬드로 변하고 빛나던 쇠는 보기 흉한 녹으로 변한다는 것이 삶의 진실일 것이다.

추억은 다이아몬드이기도 하고 녹이기도 하다는 것, 결국 행복과 상처는 같은 것이라는 의미다. 바람이 전하는 것 같은 마지막 가사, 당신을 끔찍이 사랑했어요. 당신이 또 다이아몬드와 녹을 주시는 거라면 난 이미 그 대가를 치렀다는 고백이 쓸쓸하다. 오래된 아픔이다.

놀랍군요, 당신의 유령이 다시 이곳에 나타날 줄이야 / 그래도 뜻밖은 아니에요 / 보름달이 떴을 뿐이고 / 당신은 한번 전화해 보는 거니까 / 그리고 난 여기 앉아서, 전화기에 손을 대고 / 옛날 귀에 익은 목소리를 듣고 있어요 / 아주 오래전 / 어느 해 가을로 접어들던 때였죠.

기억나네요, 당신의 두 눈이 울새 알보다 더 푸르렀을 때 / 내 시가 형편없다고 핀잔주던 일이 / 어디서 전화를 걸고 계신가요 / 10년 전 그곳, 중서부의 공중전화 부스인가요 / 난 당신에게 커프링크를 사주었고 / 당신도 내게 뭘 가져왔어요 / 그래요 우린 알고 있어요, 추억이 불러일으키는 것을 / 그것은 바로 다이아몬드와 녹이겠지요.

그래요, 당신은 불쑥 내 인생에 끼어들었죠 / 벌써 오래된 전설 같지만 / 씻겨야 할 신비로운 현상처럼/ 원초적 방랑자여 / 어쩌다 내 품에 흘러 들어와서는 / 잠시 머물다 가버린 사람 / 마치 항해 중에 길을 잃은 것처럼 / 여인은 당신 것이 되어 허물어졌답니다 / 조개껍질 위의 연약한 여인은 / 당신을 보호해 주려고 안간힘을 다했죠.

이제 당신의 모습이 보이네요 / 갈색 나뭇잎이 떨어져 나뒹굴고 / 머리엔 흰 눈이 내려앉고 / 저 워싱턴광장이 내려다보이는 / 허름한 호텔 창밖을 내다보고 서 있어요 / 우리의 숨은 찬 공기 속에서 / 흰 구름을 피우고 맴돌곤 했죠 / 이제 말하지만 그때 우린 같이 죽을 수도 있었겠죠.

당신은 이제 난 향수 같은 것은 모른다고 말하고 있어요 / 그리고 다른 말을 찾아내는 군요 / 너무도 말을 잘하는 당신 / 그리고 애매모호한 말로 잘 둘러 넘기죠 / 나한테 그런 모호함이 필요하니까 / 아 그러나 이제 모든 것이 분명해 졌어요 / 그래요, 난 당신을 끔찍이 사랑했어요 / 그리고 당신이 또 다이아몬드와 녹을 주시는 거라면 / 난 이미 그 값을 치렀어요.

_〈Diamonds and Rust〉, 존 바에즈 작사·작곡·노래